Ballet Beautiful

美丽芭蕾塑形法

拥有芭蕾明星的优雅体态和美好身材

[美] 玛丽·海伦·鲍尔斯 著 张晓敏 译 邢亮 审校

中信出版集团 | 北京

图书在版编目（CIP）数据

美丽芭蕾塑形法 /（美）玛丽·海伦·鲍尔斯著；
张晓敏译 . -- 北京：中信出版社 ,2019.4

书名原文：Ballet Beautiful

ISBN 978-7-5086-9630-0

Ⅰ . ①美… Ⅱ . ①玛… ②张… Ⅲ . ①形体－健身运
动 Ⅳ . ① G831.3

中国版本图书馆 CIP 数据核字 (2018) 第 232702 号

美丽芭蕾塑形法

著　　者：[美] 玛丽·海伦·鲍尔斯

译　　者：张晓敏

出版发行：中信出版集团股份有限公司

（北京市朝阳区惠新东街甲 4 号富盛大厦 2 座 邮编 100029）

承 印 者：北京盛通印刷股份有限公司

开　　本：787mm × 1092mm　1/16　　印　　张：18　　字　　数：261 千字

版　　次：2019 年 4 月第 1 版　　印　　次：2019 年 4 月第 1 次印刷

京权图字：01-2018-6478　　广告经营许可证：京朝工商广字第 8087 号

书　　号：ISBN 978-7-5086-9630-0

定　　价：78.00 元

对玛丽·海伦·鲍尔斯和“美丽芭蕾”的褒奖：

“美丽芭蕾给我的身体带来了脱胎换骨的改变，一切让人难以想象。它让我手臂和腿部的线条变得匀称纤长，而且让我甩掉了臃肿的脂肪，臀部也变得更加挺翘紧致。我曾以为我再也没办法舒舒服服地穿上短裤了，但美丽芭蕾让我梦想成真。这套课程最棒的地方在于让保持体形变得如此容易，因为无论在哪里我都可以练习这些动作。玛丽·海伦·鲍尔斯确实是一个擅长塑造体形的魔术师。我会一直坚持练习，美丽芭蕾改变了我的生活！”

——蕾切尔·安东尼，设计师

“一个高要求和高回报的健身项目，它吸引了无数的模特和女演员，其中包括凯伦·艾尔森。”

——*Vogue*

“过去十几年我一直是《时尚芭莎》的编辑，从复杂的器械健身到简单的有氧运动，我尝试了几乎所有可以想见的运动方式，但没有人像玛丽·海伦·鲍尔斯那样改变了我的体形。玛丽·海伦的方法所带来的成效包括纤长紧实的肌肉，更柔韧健美的体态，以及更富有平衡感的身心。玛丽·海伦的课程让人欲罢不能，无论是她的私教课、团体课还是网上课程或录像。所以我喜欢的不仅是这套课程带给我体形上的改变和感受，还有不再给自己找理由懈怠的感觉。”

——克里斯蒂娜·奥内尔，《时尚芭莎》执行主编

“我向你们坦白：上了玛丽·海伦的第一节课之后，我可以轻轻松松地套上之前得大费周章才能穿上的牛仔裤。”

——特雷西·埃利斯·罗斯，女演员

“这一课程通过芭蕾动作增强了身体的力量和柔韧性。”

——《纽约》杂志

“女性一直渴望有紧实的双臂、挺翘结实的臀部、精瘦的大腿和优雅的姿态。如今为了追求这样的体形，许多人开始练瑜伽和普拉提，以及扶着把杆跳芭蕾……其中站在最前沿的是玛丽·海伦·鲍尔斯，她训练了娜塔莉·波特曼小姐出演电影《黑天鹅》里的角色。”

——《纽约时报》

“只需要能放下一块瑜伽垫的空间……但设计的动作能强化跳芭蕾时所用到的肌肉。”

——《华尔街日报》

“掀起了一股名流健身热潮，可能成为下一个普拉提。”

——《出版人周刊》

“这一课程的确富有成效，单是能获得一种舞蹈演员的感受就足以让人们频频回访了。”

—— Gotham.com

“芭蕾舞者玛丽·海伦·鲍尔斯本人设立了很高的标准。”

——《女性健康》杂志

BALLET BEAUTIFUL

美丽芭蕾
塑形法

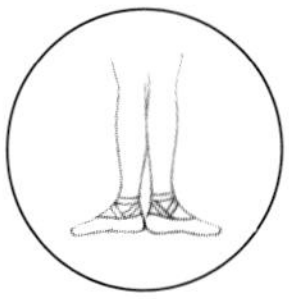

献给我的父母，

他们告诉我，任何梦想都可能实现；

献给我的兄弟，

他们教导我要果决强悍！

献给我的丈夫保罗，

他给我源源不断的爱和鼓励。

推荐序

在观赏芭蕾舞的时候，舞者身姿的美丽带给我的震撼不亚于他们的舞姿：轮廓清晰的手臂，强劲结实的双腿，还有从手指尖到脖颈，再从脖颈到躯干、躯干到脚尖的优美线条。在《黑天鹅》这部电影拍摄前的准备阶段，我有幸和玛丽·海伦·鲍尔斯共事过一年，她将芭蕾训练的方法简化，使之更适合非专业舞者练习，也有利于塑造优美的身体线条。

玛丽·海伦的技法来源于芭蕾舞者日常操练的动作，可以帮助练习者获得舞者般的修长柔韧的体形。14岁以后我的身材就开始走形，但玛丽·海伦仅用了几个月却将其全然改变。我变得更加挺拔有力量，柔韧性也得以增强，手臂和双腿的形态发生了脱胎换骨的变化。正如我父亲说的，我的体态如同松树般笔直。而这一切的改变都无须依赖任何运动装备。在时间如此宝贵、生活又如此匆忙的时代，在家徒手就能完成的运动实在是太难得了。

这种新的生活方式给我带来了一种自律感、一副更好的身材，以及无穷的力量，同时在某种程度上也保护了我，让我免受伤病的威胁。玛丽·海伦的健康饮食及健身法也有助于我实现塑形目标。我在相对短的时间内便拥有了芭蕾舞者的身形，让我在《黑天鹅》中的表演更具说服力，这些都要归功于美丽芭蕾（Ballet Beautiful）这一套全面的身体管理方法。希望这本书也能让你们了解玛丽·海伦的独门秘籍，知道拥有芭蕾体形并不是一件难以企及的事。

娜塔莉·波特曼

（奥斯卡最佳女主角，电影《黑天鹅》女主角）

INTRODUCTION

引言

活出芭蕾之美

艺术 健美 简便

“艺术、健美、简便”这三个词启发了我去创造理想中的生活：健康、有趣且充满无限可能。这种生活不仅对我来说是理想状态，对其他人而言也是如此。这三个概念深得我心是因为它们代表着美丽芭蕾的期许——重塑体形，变得更加苗条、修长、挺拔和利落，拥有类似芭蕾女演员的那种力与美兼具的仪态。我就是用这一方法来帮助娜塔莉·波特曼准备《黑天鹅》里的芭蕾女演员的角色的，她也凭借这一角色拿到了奥斯卡最佳女主角奖。与此同时，全球数千位女性也受益于此——减重，将脂肪变为紧实的肌肉，重塑体形，从此拥有了芭蕾女演员般的优雅身姿。美丽芭蕾这套课程的基础以及你们正在捧读的这本书，都深植于芭蕾充满艺术性的丰富而神秘的传统。力与美的融合是芭蕾的精髓，也是这套课程的灵感所在。

这一课程的独一无二之处在于，它为女性提供了一条探索自身内在美的途径。我一次又一次地见证了许多女性将美丽芭蕾的方法融入她们的生活，然后找到了真正的自信。正如我的一位长期的客户凯瑟琳对我说的：“美丽芭蕾让我感受到了前所未有的美丽。”

在美丽芭蕾的帮助下，你也能变得真正有女人味，仪态兼具力与美。

16 岁时，我实现了我的梦想——成为一名专业芭蕾舞蹈演员，虽然这一过程比想象中更具挑战，但收获也更丰富。我将这些收获进行创新，设计出这套课程，它凝聚了芭蕾舞技法中所有令人精神鼓舞、身体强健且活力四射的部分，包含了一套简单易学的高效动作。无论是否具有相关经验或接受过舞蹈训练，都可以在家中完成。当然，这套课程我不是在一夜之间做出来的，这本书也是我不断学习和总结之后的结果。美丽芭蕾的诞生历经了 15 年的漫长岁月，在此过程中，我对芭蕾的认识不断加深，逐步地将芭蕾、身体锻炼以及营养学方面的心得体会融合成一套全面系统的运动方法。今天，美丽芭蕾已经变成了一套适用于全身的锻炼方法，通过学习，练习者可以获得芭蕾舞者一般强健的体格和柔美的身姿。

在开始筹备美丽芭蕾课程以及跟别人分享这一课程的过程中，我认识到塑身极为重要的步骤之一，其实也是能获得任何持久的改变的前提——做好全力以赴的思想准备。如此一来，你的目标会更加深入内心。这不仅仅是说一番鼓舞士气的话，而是要有一种让自己确实发生变化、获得成长和真正实现重大目标的策略。我坚信，每个生命都蕴含着不可思议的力量与美，女性身上也不例外，这就是美丽芭蕾的根本。这套课程帮助女性相信自己，也相信她们梦想的力量，让她们意识到自己的身体和生活同时充满力量和美，然后再去实践这个信念。通过这个新的思路，她们也会收获更健康的生活方式，练习美丽芭蕾的人也会变成芭蕾美人。

以下的内容中我将会告诉你如何深入挖掘你的内在自我，并且与之建立起真正的联系。我也会教你如何变得像芭蕾舞者般有优雅的曲线且结实有力，而且是通过一套见效迅速的课程，在自己家里舒服而私密地完成。

除了身体和心态的调整方法外，我还设计了一种饮食法，这种方法既让我和客户觉得满足而有力量，也让我们获得了最好的营养。这份饮食计划既能让你尽享美味，也有利于促进新陈代谢，保持充沛的精力和紧致的身材。芭蕾舞女演员的极端自律是出了名的，为了减肥，她们甚至会绝食。但这个办法在我这里不适用。我的饮食方案是建立在平衡、健康和让人觉得满足的基础上的，所以通过这个方法，大多数女性都能达到理想中的体重，并且将其自然地保持下去。

活出芭蕾之美

美丽芭蕾受到了热烈的追捧。世界各地成千上万名女性，包括当今遍布全球50多个国家的极具影响力的名人、一线女星和超模，都欣然采用了这套健身方法。这套方法之所以能吸引聚光灯下的女性，是因为它能让人变得光芒四射，精力充沛，并充满女人味，同样的改变也会发生在你的身上。通过美丽芭蕾，练习者不仅体形上会变得优雅，气质也会大有提升，兼具力与美。

美丽芭蕾的成效即刻可见且令人振奋。只要一个星期，你会感到肌肉紧实，衣服更合身；两个星期后，你的身形会更加纤细、健美。假以时日，随着身体越来越适应训练的强度，效果将更为显著！

双臂变得紧致而有力，却不会显得过分粗壮。

腿形拉长，结实且精瘦，却不至于太有肌肉感。

腰部变纤细，小腹平坦，更有力量。

臀线提升，臀部更为紧实，穿牛仔裤或泳衣再也不是问题。

姿势和仪态更加优雅，柔韧性提升。

我的许多顾客都认为效果显著，不仅“见效迅速”，且令人“欲罢不能”。这一课程的设计十分具有针对性，随着课程的深入，你能感觉到自己的“芭蕾肌”被唤醒。首次体验你就会感受到身体收紧了，甚至会站得更直一点。还记得一位朋友曾告诉过我，在她第一次练完美丽芭蕾的那个晚上，随随便便就套上了最紧的牛仔裤。以前，她可能得边穿边跳，才能穿得上牛仔裤，想象一下双腿可以毫无阻碍地滑进裤子里的感觉吧！怎么做到的？美丽芭蕾！

我珍惜为了一个真正的成果而努力拼搏的过程——目睹他人通过美丽芭蕾的训练而获得身体的巨大改变总让我激动万分。我们在脸书（Facebook）上有一个很棒的“美丽芭蕾之家”社区，客户们会在线上分享自己的点滴进步和振奋人心的成功故事。最近一位粉丝评论道：“做了三天的‘天鹅臂’练习之后，我的手臂线条发生了明显的变化！”另一位铁杆粉丝写道：“玛丽·海伦以及‘美丽芭蕾之家’的朋友们，你们好！不得不说我让妹妹也迷上了美丽芭蕾，实在等不及想看到我体验到的奇迹如何在她身上重现！太感谢了！”还有些客户表示健身开始的第一周就瘦了接近 5 斤，而随着肌肉变得更加紧致、结实且纤长，整个人也在发生着稳步变化。

我的客户背景各异，千差万别：有年近 40 生完孩子想恢复体形的女性；有近 10 年来忙于事业打拼而无暇照料子女的 40 多岁的女士；有本身不胖却想增加肌肉让身形更有轮廓感的学生和年轻模特；也有想要抗衰老保持年轻活力的 60 多岁的女性，她们的目的是强化骨骼和肌肉的功能，同时又不需要承受太大的压力和运动强度。我有一位66岁的客户，为了让受伤的肩部尽快恢复而学习了美丽芭蕾的课程，4个星期的训练过后，她说："我从没觉得自己这么有力量！ 美丽芭蕾让我的生活焕然一新！"

美丽芭蕾适用于所有的女性，因为它遵循女性身体运动的规律，符合女性身体内部的比例和她们的生理结构。我会向你介绍如何利用芭蕾动作来强化你的核心肌群，让你的脊柱更为挺直，呈现出更好的仪态。在你做某些特定的动作时，我也会提醒你先活动开相应的关节，避免拉伤，让你拥有更强的肌肉控制感，让健身效果最大化。

这些练习旨在帮助每个人获得流畅优美的"芭蕾肌"线条，无须跳舞，只用专注做一些低强度的芭蕾式的动作，拉伸身体，增强力量即可。而且这种健身方式在家便可完成，在保有隐私不受打扰的前提下让你获得身心的转变，将百节私教课的好处尽收囊中。

美丽芭蕾的效果之所以神奇是因为它极富挑战性。这套方法会运动到你的深层肌肉，由内而外改变你的体态。既包括全身运动，也会针对特定的身体部位或劳损部位，如胳膊、躯干、双腿和臀部进行强化。不管你采取哪种方式，你都将获得强健而纤长的身体肌肉，以及灵活而矫健的身姿。

我们将会先着手改变你的心态，激活你的内在潜能，然后选择一种正确的方式以实现你的梦想。在开始健身之前，务必做好充分的思想准备，因为我对你的期待只有两个字：成功！这种心态的转变会激励你去尊重、温柔地呵护和体谅自己的身体——即便是进行15分钟臀部爆发（Butt Blast）训练，也能达到这种效果。美丽芭蕾的理念是追求平衡，聆听内心的声音，体会自己的感觉，最终获得满足感。所有这一切合在一起才能帮助你活出芭蕾之美。

你也将不费太多精力便可学会如何养成一种简单而健康的饮食习惯，相应地，在配合减重（如果这是你的目标）或避免反弹时，你需要掌握合理饮食的5条准则。你会变得更加强健、头脑清醒、精力充沛，当然也会更加快乐！一位富有惊人才华的新锐艺术家分享过："在练习美丽芭蕾后，我发现每天不用再跳上跳下。我开始思考身体的微妙反应及其持久性，延展我的四肢而不是在长达数小时的低强度的心肺运动中压迫它们。现在我收获了无限的自信与力量，这是自青春期以来我第一次感到自己变得如此优雅。"美丽芭蕾不仅是一种健身或饮食方式，而且是一种心态。

或许你处境艰难，正在寻求改变，且过去经历了无数次的尝试与失败。我将通过帮助你找出旧的思维模式和坏习惯并对其加以改变来引导你达成所愿。美丽芭蕾会教你如何照料自己，有规律地健身以及健康饮食，这也将成为你日常生活中深感愉悦和满足的部分。

这一课程具有相当大的灵活性，无论你身体状态如何，都能找到适宜的方案，帮助你确立健身目标，开发内在潜能，以达成你所渴望的一切——无论是有关身体素质的提升，还是精神方面或是思维方面的改善。美丽芭蕾将帮助你腾出更多的时间和精力来运动和享受健康的饮食。一旦你将美丽芭蕾融入你的生活，你将拥有更优美的体形，变得精力充沛且成效满满。

如何阅读这本书

本书由三部分组成。第一部分，“培养美丽芭蕾的心态”，这部分聚焦于树立一种让你充满能量的积极心态，为即将到来的非凡成长和转变做好准备。我一直强调美丽芭蕾绝不仅仅是一项健身运动，它更是一种与优雅、力量和美相伴而生的生活方式。想要活出芭蕾之美，第一步就是要确立这种心态。带着这种心态，你将会获得更重大的成就，而不只是停留在健身或饮食的层面。正如瑜伽并不只是一种拉伸运动，美丽芭蕾的积极心态会教你对自己充满信心，也会为你设定一系列清晰的目标，让困难和坏习惯从此都不再是问题。

假如你受困于某种心态，我们会一起想办法去改变那种状态。如果需要帮你找到现实可行的目标，我们也会同样照办。这一部分的三个章节是课程后面两个部分的基础。

第二部分“美丽芭蕾课程”将介绍我的全身运动之法：包括能真正带来改变的舞蹈动作和拉伸运动，以及动作背后的技巧和与之对应的效果。美丽芭蕾的课程融合了我的 2 套经典课程：“60 分钟经典课程”（60-Minute Workout）和“15 分钟爆发课程”(15-Minute Ballet Beautiful Blasts)。每一个细微的动作都凝聚了我对芭蕾的挚爱之情，也是我多年所学的强身塑形知识的结晶，我本人就是这么练的，我绝对不会介绍哪怕一个我自己不会做的动作。爆发课程涵盖了 4 组从我的有氧系列课程中精心挑选的动感十足且好玩的练习。所有的动作都具有显著的效果，且可以适应不同身体状况和时间安排的需要。你可以搭配出 25 种不同的动作组合：一些仅需要 15 分钟就能做完，另一些花 30 分钟或 45 分钟可以做完，还有许多长达 60 分钟的供你挑选。很快你就会相信，这一课程的确是为你量身定制的。

第三部分“美丽芭蕾的生活方式”提出了一套营养丰富又简便易行的饮食妙法。假如你想要的是某种速成的或剧烈的转变，这本书可能不适合你。我个人的经验证明极端的饮食法害处颇多。当然，体重是减下去了，但人却十分痛苦。不仅如此，最后还会反弹回来。从这样的经历中我吸取了很多教训，如今对极端饮食避而远之。我有5条生活准则，均衡的饮食便是这些准则的基础，其目的在于树立良好的心态，好好吃饭，保证身体营养，而非仅是吃饱。这些准则能让你身心协调，自觉满足、平和而充实。

美丽芭蕾的5条生活准则：

1. 准备充分；
2. 多吃几餐；
3. 寻找替代性满足；
4. 灵活行事；
5. 既往不咎。

第三部分帮助你调整思维，将运动和饮食计划付诸实施，改变你的生活方式，增强身体力量，优化身体线条，减重的同时以一种完全自然、无负担的方式保持体形。我还会为你设计一个7天饮食计划，它不仅让你能尽快适应美丽芭蕾的饮食方式，也能让你享受到我非常喜爱的一些既美味又容易上手做的食物！

想要达成健康饮食和减肥的目标，最重要的是保持满足感。我坚定地认为只有在食物中获得满足感，才能达到自然健康的减肥目的并让成果保持下去。此时，你需要专注于你能吃的东西而非你不能吃的东西，一旦知道那有多少，你会非常惊讶的！你不会感到饥饿或没东西吃，因为我不会让你喝榨汁或禁食度日，或者执行任何极端的低卡路里的饮食方案。美丽芭蕾饮食法注重平衡，却成效非凡！

这一部分提供了许多购物烹饪的简单窍门，包括用我发明的“闪电烹饪”方法来制作简餐。同时，我也挑选了一些制作极其简单但味道很好的秘方让这一课程变得更加容易且有趣。与其将注意力集中在消极的方面——花费精力去记住或者夸大各种不能吃的东西，我们会专注于积极的方面。让我们共同努力，见证不可思议的转变，并获得一种全新的健康的生活方式。

这套课程是为在现代生活的重压下繁忙的人们量身设计的，也是符合他们实际需要的。之所以如此考虑，是因为我也身处其中，深知其苦。美丽芭蕾提供了一种灵活而富有成效的健身方式，即便很少有时间，也能通过美丽芭蕾保持健康，改善身体形态。美丽芭蕾能让你真正发生由内而外的转变，所以，我非常乐于同你分享这本书！

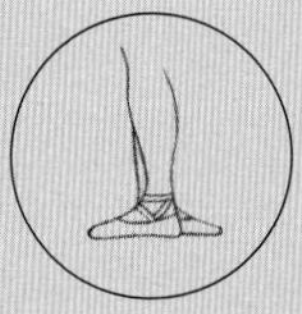

目 录

第一部分

培养美丽芭蕾的心态

健康、健美、理想的体形触手可及！

第一章

美丽芭蕾的缘起：我的故事

当我还是个小女孩的时候，唯一的梦想就是成为芭蕾舞者。走到哪儿跳到哪儿，读每一本关于芭蕾的书籍，不知疲倦地幻想自己在纽约跳芭蕾的场景。从我记事起，芭蕾便是我生活中不可或缺的一部分，直到今天，这一点仍然没变。美丽芭蕾的核心其实是我的个人故事：在纽约芭蕾舞团做职业舞者的经历，让我明白了如何在日复一日的生活中，真正呵护我的身心。

设计美丽芭蕾的这套方法的念头产生于我的一次伤后恢复阶段，那是我职业生涯早期的一次脚伤。芭蕾舞对身体相当苛刻，处理身体的伤病就是我的日常。我热爱舞蹈，我关心的是最终的演出效果，身体的疼痛是微不足道且可以接受的小困扰，我也总有办法去应付它。起水泡，肌肉紧张，以及穿着足尖鞋脚趾触地的痛苦，对一名专业芭蕾舞者而言，这些都是家常便饭，还有害怕因伤病而无法登台所带来的那种极度的压力感。在芭蕾的世界，应付严苛的身体考验的同时，在台上保持强健而优雅的体态，就是这份工作本身的要求。

早期在纽约芭蕾舞团时，除了白天上课和整日的排练以外，一周有六个晚上都有三场表演，尽管忙碌却也收获多多。那些日子漫长艰苦，但也非常快乐。我一直在跳最喜欢的巴兰钦的芭蕾（Balanchine Ballet），每一支我都会跳，其中包括《多尼泽蒂变奏曲》《莫扎特之声》《小夜曲》，另外，没有任何修饰的新古典主义风格的“紧身连衣裤芭蕾舞”我也跳过，这种芭蕾舞没有故事情节，不穿芭蕾舞蓬松短裙，也不带乐曲套组，它所关注的仅仅是舞蹈和音乐本身，如《插曲》《四种气质》《库普兰之墓》。表演这些乐曲让人我仿佛置身于艺术的天堂。基本上每晚我都会在林肯中心表演一些非常伟大的芭蕾舞剧目。我对生活已别无所求。作为艺术家，我的灵魂是充实的！但随着表演季的结束，极度疲劳的状态便开始折磨我的身体。

疼痛频繁来袭。在排练和演出时，我会裹紧双脚，但却没有做任何护理使其恢复。在剧场大幕拉开前，或者表演结束后的第二天早上，长达数小时的疼痛让我无法下地走路。

随着伤病愈演愈烈，彩排或表演变得更为艰难。我的身体发出强烈的信号，提醒我得好好休息，但我只能忽略这些信号。完全是意志力和自我激励帮助我挺过了一次又一次的演出。从这个角度来看，芭蕾仿佛是一种令人上瘾的毒药——即便有时候我知道继续跳下去其实是在伤害自己，我也很难停下来。疼痛并没有带走我对舞蹈的渴望，恰恰相反，它反而让那种渴望愈加强烈，尤其是当我想到我的生命中缺少了芭蕾会变成怎样时。

夜复一夜，随着幕布落下，我一瘸一拐地走下台再上楼去试衣间，揭开足尖鞋上的丝带，然后将双脚浸入冰块中。最后，在长达数周的极限状态下，我不得不承认我的伤病变成了一个严重的问题。然而，没有舞者愿意离开舞台转而去做其他的。芭蕾舞界是一个竞争异常激烈的世界——永远都有新鲜血液在排队等着补充进来。想到我身体的虚弱可能改变或威胁我的事业，而其他的女孩会抢走我来之不易的角色，我便充满了惆怅。

当我意识到，无论多少冰块、布洛芬止痛片或者表演前的热身运动都无法让我重归舞台时，为了摆脱恐慌，我向自己伤病的现实妥协了。从15岁开始，我便只身一人在纽约打拼，我不知道如何以正确的方式护理我的双脚，也不懂得怎样应对治疗期间被他人取而代之的压力。在看完医生并换上一双合脚的大靴子以后，我停止了每天的表演、舞蹈课和排练，开始专心致志地养伤。

休息了相当长一段时间后，我准备好进行恢复体形的训练了。我加入了一个纽约的健康俱乐部，开始第一次尝试在一个舞蹈工作室里健身和锻炼。我担心已经荒废太久了，很难恢复到能再次登台的状态。我开始尝试不同的健身课程和健身器材，不断搜寻一种适合舞者需要的运动方式。我不敢冒险去过度训练肌肉，或者进行高强度的塑形训练。在一次搏击课上，我以二位手全屈膝代替开合跳，举重绝不超过5斤，保持完美的芭蕾姿势，并且在几组运动之间加入了大量的拉伸动作。当我开始注意到，在健身房的这些运动让我的身体力量越来越强，我也意识到这得益于交替训练的巨大成效。膝关节和肌腱的陈年伤痛随之一扫而空，很快我的表演水平又提升了。受此启发，我开始在闲暇时间自创一些全新的专项训练，用来增强身体耐力和力量，同时加强芭蕾舞者在极限表演时所需要的肌肉力量的训练。这一重大发现便是美丽芭蕾课程的缘起了。

一开始，我设计的美丽芭蕾里的一些核心动作，是为了让自己身体尽快康复。但随着脚伤被治愈，我很快认识到自己发明的这一套训练方法让我在舞台上展现出了一个全新的自我：更加健壮结实，同自己的身体更为亲密无间。如果说从前跳舞时我的自信来源于我的舞技，那么如今我是带着对自己身体的信心翩翩起舞，而这是一种让人毫无负担的自信。跳芭蕾舞严重消磨身体且职业周期短得可怕，但美丽芭蕾这一运动延长了我的舞蹈生命，对此我心怀感激。

几年之后，我在纽约芭蕾舞团已待了10年，之后我做出了一个非常艰难的决定：从公司退休去哥伦比亚大学求学，去追求除了舞蹈以外的其他兴趣。这一决定异常艰难，因为芭蕾对我而言实在太重要了。我对芭蕾有着一种难以言明的深沉的热爱。我只能告诉你，我感觉跳芭蕾就是我的宿命，我人生中的每一步都推动着我不断向纽约芭蕾舞团靠近，我们命中注定会在一起！离开无比深爱的舞台和夜夜苦练的地方让我痛苦不已。但我已经开始聆听内心的另一种声音，它呼唤我去寻找更多的平衡、新的表达方式，以及迎接智力上的考验。

与此同时，我也厌倦了跳芭蕾舞所需要的持久的牺牲。我的童年平淡无奇却十分幸福。我的母亲是一个退休的儿童图书馆管理员，父亲是注册会计师。在15岁去纽约上美国芭蕾学校（纽约芭蕾舞团指定学校）之前，我在北卡罗来纳州的夏洛特市的公立学校读书。尽管我对芭蕾一直充满了一种难以言喻的狂热，但我也一直知道除了跳舞以外，还有更多的东西等着我。我离开公司的时候当然不知道这意味着什么，也无从得知在我之后的生活中，芭蕾将扮演一个什么样的角色。一个我在哀悼舞者生涯的结束，另一个我却为未知的冒险快乐不已。我终于准备好去迎接新的挑战，定下新的目标，去寻找舞台以外的一个全新的世界和自我。

做出如此重大的决定，我本以为会觉得空虚压抑。事实却相反：我简直兴奋得不行！这么多年以来，以芭蕾为中心的生活过去了，我开始享受自由的私人时光以及未来充满未知的感觉。当然会有恐慌，但也是一种解放。当我把生活的重心转移到学业上，准备开始一段新生活的时候，我所面临的最初的挑战是学习如何放松。

当我在哥伦比亚大学重新启程时，我准备给自己的身体放一个假。有一年时间我不再跳舞，而是做健身运动放松身心。我让这一切发生得自然而然，假如不想运动，我就不强迫自己。不出所料，没有了日复一日的训练，我的身体柔软下来，也走了形。我不得不为自己的新身材买新衣新裤。当我感觉自己又准备好开始运动的时候，我不想再去健身房或者回去上芭蕾舞课。我没有过度惊慌，只是接受这种感觉，决定回家健身。

慢慢地，我重新捡起了为治疗旧伤所设计的康复运动法，并适时做出一些调整。由于我的身材变样了，和其他跳舞的人在一起不大自在，所以我非常享受在家健身的私密感和宁静感。在全新的学生生活中，我不仅减掉了多余的体重，而且练出了有史以来最好的体形。随着我对身体的认识不断加深和更新，我追求一种缓慢而稳定的转变方式，感受身体自身的需求和它对各种不同的动作、食物和生活方式所做出的反应。不用穿紧身的衣裤，我可以静下来系统地思考整个运动方案。因为这一切仅为自己而做，所以每一点小小的变化都让我觉得很快乐。运动的目的再次回到让自己变得更为健康强壮且行动高效，而非一定要打造成某个特定的样子。我不必为长胖或者去健身房“烧钱”而懊恼了。

这是一段充满创造力的日子。抛开一切压力或期待，我改良了一些动作，加进了一些新的运动方法，纠正了坏的饮食习惯，根据需要不断调整。然而最神奇的是自我感觉变好了，我仿佛发现了一个惊天秘密似的。我明白了如何将芭蕾的力量、优雅和艺术感这些我在每日生活中所珍视的也是最想念的关于舞蹈的部分，运用到我在林肯中心以外的生活中。结果令人惊叹。我变得更为专注自信，精力充沛且高效。我开始将在家里健身视为和自己独处的一种方式，而非对过量饮食的惩罚，抑或某种乏味的例行公事。慢慢地，我也发现自己的身体状态比全职跳芭蕾的时候更好，而且这一切并不需要进入一家芭蕾工作室就能做到。当我变得更加紧实有形且自信时，朋友和家人们都想知道我是怎么做到的。

创新性和适应性是美丽芭蕾的两个重要特征，从课程创立起，它们就从未改变过。我把自己设计的课程分享给哥伦比亚大学的朋友和同学，从那以后，口耳相传，很多人都知道了它的存在。那些想要一种不同的健身方式的女性，其中包括演员、演奏家、知名的职场女性、模特和名流，后来纷纷找到了我。从哥伦比亚大学毕业后我正式创建了美丽芭蕾项目。这以后我获得了帮助娜塔莉·波特曼准备电影《黑天鹅》的机会，那时我在纽约的生意正蒸蒸日上。由于自己有时候很长一段时间会不在纽约，为了继续同我的纽约客户保持联系，我想办法设计了在线教学。无论我和学生身处何方，美丽芭蕾课程都能继续下去。为了让这份事业壮大下去，我不得不重新考虑实体经营的模式并努力思考扩大规模的问题。当我开始在自己的网站（www.balletbeautiful.com）上开发在线培训的互动软件时，我出乎意料地变成了一个具有一定科技创新能力的企业家，这让我欣喜不已。网络课程也反映了美丽芭蕾的经典理念：简便、灵活且先进。这也是健身行业的未来，而我很高兴能为此助力。

往事如烟……

对我而言，美丽芭蕾的创立是一个攻克难关、实现梦想的过程。无论是从伤病中康复，找到更健康的饮食方法，还是想办法让自己无论身处何地都能同全世界的女性分享美丽芭蕾的奥秘，我明白了拥有一套聪明而系统的方法，并做好心理调适是一切成功的关键。我也坚信只要坚守美丽芭蕾的准则，一切皆有可能！在那样一个幼小的年纪，就实现了成为纽约芭蕾舞团演员的梦想，我觉得自己无比幸运，如今我的梦想是同你分享美丽芭蕾的奥秘。通过不断练习，你也能够拥有舞者的力与美，并且拥抱内在的美丽。你也能活出芭蕾之美！

第二章

心态：健康、幸福与成功的关键

虽然我生来就拥有一种舞蹈天赋，但我的心态一直在改善。就美丽芭蕾这套课程而言，心态至关重要：它是你的生活方式本身，是帮助你确立目标的内在声音，也是你对自己以及自身所具备的能力所抱持的一种态度，是周遭世界在你内心的反射。

当你不得不去克服困难或者解决问题时，心态的作用就凸显出来了，最终你的思维方式的正确与否也决定了你能否成功。心态是生活的指南针，也是你挖掘自己全部潜能和实现最狂野梦想的指引。

作为舞者，你的身体就是一切。每个动作、每次拉伸、每个迈步和姿势的设计，都是经过深思熟虑和精确计算的，目的在于让你呈现出最美丽、最优雅、最超然的那一面。可是你是如何感知这些的呢？你的心理活动很难被解释：既感性又理性，同时也会受到身体的影响。

心态为什么重要？因为它是将你的身心连在一起的至关重要的东西，无论是美丽芭蕾的课程还是你的生活，有了它的连接，你才会成为一个和谐的整体。

小时候，我的身体和精神是一种完全自然的状态，我相信很多人都是如此：饿了吃饭，渴了喝水，跳舞是因为它最让我快乐。我无须多虑，因为顺其自然就够了。随着年纪增长，我开始受到舞团里其他女孩的一些坏习惯的影响，失去了身体的这种自然的状态和健康的饮食方法。作为芭蕾舞者，力求完美让人压力倍增，所以有时候恶果也随之而来。

虽然我早就明白了舞蹈室之外的健身很重要，在饮食方面却还是一团乱麻。过了一段时间我才认识到，吃不健康的食品是会影响心情的。通过进行耐心、内省能力和意志力方面的大量训练，我明白心态对身体的影响。当我的身体不在状态时，我的心态就会变成一种阻碍，我在表演时就无法做到最好，也没办法用心呵护我的身体。

当我开始聆听内心的声音时，我意识到因为吃得不够，导致自己的新陈代谢变慢了,另外,即便是为了塑造完美的芭蕾体形,一周70个小时的训练也是没有必要的。

由此我也明白了，思维局限会导致负面的结果，而一种积极、宽容而又开放的心态则会让人放松下来，更好地感知自己的身体。这些体会具有非常强大的力量，它们让我的生活发生了翻天覆地的变化。

这是一段发现之旅，我想用自己的亲身经历告诉你，在开始练习美丽芭蕾或改变饮食结构之前，最重要的是调整你的心态，要真正地相信自己，相信你的未来以及你的潜力。这会让结果大为不同。

扩展视野

直到我从纽约芭蕾舞团退役并且不再每天跳舞之后，我才完全认识到，我对生活的需要还远远没有得到满足。

当我成为一名哥伦比亚大学全日制在读学生时，我找到了另一种高强度的表达自我的方式——和同学们讨论伟大的艺术作品，这为我提供了一种获得生活平衡的新方法，令我无比幸福。环境和日常生活习惯发生变化之后，我对自我也有了新的认识。在哥伦比亚大学的日子里，我可以用语言和思想来表达自己，这让我如释重负。不用只依赖我的身体来展现艺术实在是太棒了。于我而言，跳芭蕾时的自己时常像一具不会发出声音的躯体。

我拿出一段时间来享受自由，不必每天早上从练舞室开始、以演出告终，新的日程安排可以让我好好放松。我可以去看电影、熬夜、看朋友，和他们多玩一会儿（而不是只有半杯咖啡的时间），甚至可以彻底消失，和男朋友去过周末。我不用再在每年12月跳45场《胡桃夹子》，或者每周训练70个小时以上，可以在假日去北卡罗来纳州看望家人。我的直觉告诉我，为了身心健康，我需要正式从芭蕾的世界跳出来歇一会儿了。我停止了所有的舞蹈和健身活动，让身体得以修整和恢复，最终找到一种新的平衡。我的体形发生了变化，肌肉松弛了，体重也增加了。我开始享受那些曾被“严令禁止”的食物。

我开始另觅他法，开始第一次探索一条全新的健身道路，用一种宽容而积极的心态来看待自己的生活。如果我的心态还停留在从前，这一切绝不可能发生。所以这种灵活的心态让我有机会能够让自己休息和重来，美丽芭蕾的课程

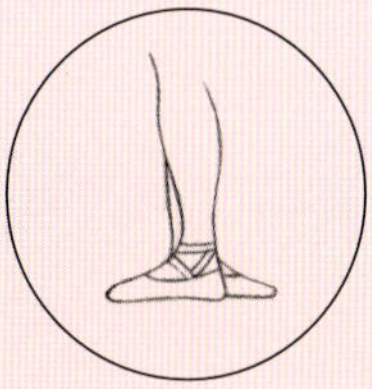

凯瑟琳谈心态

我喜欢美丽芭蕾是因为它毫不费力地融入了我的生活。如果我抽不出一小时来，就做短一点的练习，“15分钟爆发课”管一整天。所以我的力量得以保持，更重要的是，我没有变得沮丧或失去动力。因为美丽芭蕾的训练形式和训练时间灵活多样，我总能找到适合自己的方案，能够每天都做一点，一步步接近健康强壮的目标，这感觉简直是太棒了。

才有可能诞生。但这并不是一蹴而就的，我犯过很多错误之后才找到适合自己身体更重要的是适合自己心理的方法。

如果我们能敞开胸怀，生活中会充满了奇妙的瞬间，它们给我们提供了一种不可思议的成长的可能。

培养正确的心态并相信自己

培养正确的心态并不是故作积极或者摆出一副笑脸。你决定去尝试一下我的课程就为了把体重减少几斤吗？现在我必须告诉你，培养美丽芭蕾的心态既没有那么困难，也不是那么简单。

当你的心态积极有力的时候，你会相信自己，相信能够凭借自己的能力达到目标，不管过程有多艰难，或者过去曾失败过多少次。而当你垂头丧气满心怀疑时，无论改变的意愿有多么强烈，你意识里的某个部分会阻碍目标的实现，让你拒绝相信真正的改变或者个人的成功是可能实现的。如果你自己都不相信它们有可能实现，你怎么可能克服坏习惯、悲观的念头以及行为模式的影响？必须直面现实。你要尽可能深入地反思自我，学习制订一个清晰简单且能够不断修正的方案，直到最后成功为止。

培养一种心态，让它帮助你坚持下去，赋予你力量，相信你值得拥有梦寐以求的健康、美丽和优雅。让我们从几个简单的问题开始：

1. 为什么你会选择这本书？

2. 这本书有没有激励你去改变身体的形态和内心感受的方式?

3. 这本书有没有激励你去改变感知自己身体和健康的方式?

这三个问题虽然简单但却非常重要，当你想要开始美丽芭蕾的课程时，一定要先问问自己。你甚至可以记下这几个问题和你自己的答案。一开始，答案似乎显而易见，但细想下来，你会发现它们之中蕴含着一种微妙的力量。有时候我们过得太匆忙，为自己穿衣服好不好看而烦恼，一些稍纵即逝的念头常常涌现心头，例如，如果我能再瘦 10 磅（1 磅约等于 0.45 千克）就好了！或者我的身材还要再好点！这些想法本身并没有什么错，都很正常，但假如你不停下来花点时间去思考一下细节，你必定会无功而返。也许你会不假思索地去购买最新的减肥药丸，或者听信某本杂志推荐的减肥项目，试图通过节食半个月瘦 10 磅，但你之后会暴饮暴食。 我们总是轻信速效方法，但十有八九这会导向失败。

其实很简单：极端化的饮食和运动是一种毫无必要的折磨。它最终只会伤害你的身体和内心，让真正积极的目标离你远去。

当然，卷心菜减肥法或许可以让你成功减下来 10 磅，但这又能保持多久呢?经历一次极端饮食疗法后回归正常饮食，代价是极其惨痛的：脂肪又加速反弹回来，会让你感到无比气馁而受挫。这种行为以及你身体的反应会对你的身心造成严重的伤害。那么当你的身心失去平衡之后，你又怎么可能养成一种有益的饮食习惯？所以你必须培养一种更加积极的心态，并且相信你的身体与食物以及饮食习惯之间的自然关系一定会形成。

创立这一课程的背后是我的决心、专注力以及对梦想和目标的坚定的信念。现在，我想要鼓励你自己去拥抱这一富有力量的生活方式。当我开始在自己的生活中实践这一方法时，一切都发生了变化。过去的我可能会执迷于自己的外表。但现在，我更关心的是我的感受，如果我感觉不到快乐、和谐、满足，好看并没有多大意义。

你的心态到底是什么？一种相信成长和改变的态度，以及一种努力能让生活更好的信念？没有这种心态，任何运动或者减肥法都会失败。简单地说，力量、优美和优雅都是由内而外的，如果不从内心培植它们，它们也不会从内而外真正显现出来。

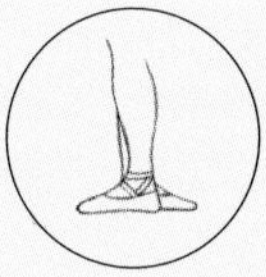

詹娜谈心态

美丽芭蕾的课程让我成为一个生活得更加平衡的人。我变得更加乐观了，也觉得自己在运动的过程中变得更有女人味了。我是一个运动员，但现在我走路的姿态都变了——美丽芭蕾改变了我的步态！ 我感觉更加自信和轻盈，仿佛飘浮云端！

赶走负面的声音，倾听自我

你有没有在思考这些事情：我的身材变形了，我的年纪越来越大，新陈代谢没以前那么好了，我讨厌自己的身体，我简直管不住自己……

一旦你制定了目标并且开始发力的时候，所有这些消极的念头都是你要拒之门外的。 在美丽芭蕾的生活方式里，这些沮丧的想法是没有容身之地的。

这些声音可能会告诉你再来几勺冰激凌，反正你已经这么胖了，还有什么好担心的。这些声音也有可能是几年前的某次感情伤害的回响，即便已时过境迁，你的自尊心仍然深受其扰。无论来自何方，这种声音会让你功亏一篑。

我费了很大力气才学会如何将负面情绪排除在生活之外，所以我知道这一过程多么艰难。有一年，在冬夏芭蕾舞季之间有一个长假，这期间我长胖了。当我回去上课排练时，我比平时要重。直到我第一次在台上正式排练《胡桃夹子》时，我还没有瘦下来，我也十分清醒地意识到了这一点。排练结束后我在后台做拉伸活动的时候，有人告诉我，我的戏份被砍掉了。我感觉五雷轰顶，惊恐极了，也丢脸极了。我不知道如何把这个消息告诉过来看戏的家人或朋友，我甚至无法面对舞团里的其他演员。那的确是我人生中的一个低谷。虽然我最后减肥成功重新回到了那年表演《胡桃夹子》的舞台，但是我却一度难以接受自己的形象，并且对体重这件事情过分在意。后来认识到必须将体重和个人价值分开来看，我才可能真正健康起来。 我也不得不认识到，我的相貌和感觉的好坏最终取决于我是如何对待自己的。而这一点对所有人都适用。

如果有人告诉你，抑或你告诉自己你不够优秀，能力不足，不够聪明，太胖了，不够婀娜多姿，反正就是不行，你就很难将注意力集中在积极的方面。悲观的语调会停留在你的脑海中并同你自己的声音混淆在一起。那之中全是自我怀疑、不安全感和恐惧，并且只会让你越来越糟。当你试图去实现你的目标，让自己的生活变得更加健康幸福时，它们就是你最大的敌人。确实如此，假如你听信了这些消极的论调，它们就会让你的努力付之东流——这一点毫无疑问。

对这种负面的声音保持清醒，并且牢记它们是外在于你的，不是你内在真实的声音，那么你就可以开始消除它们的威力了。下一次再有任何关于自己的长相、感觉或者行为的消极的念头，你可以尝试以下这些方法：

暂停下来，花一点时间去想想你刚才想的内容。

思考你为什么说那些话，以及你为什么会那样想。

提醒自己你可以做到。

将注意力转移到你最近克服困难的成功案例上去，无论是在美丽芭蕾上还是别的方面。

花一点时间去重新确认并牢记你的信念——目标一定能实现。

关闭消极信号，让正面的能量发挥作用需要觉察力和耐心，但假以时日，你将学会应用新的思维方式，而这是建立在你能做的事情而非你的弱点的基础上的，后者可能压根儿就是一种幻想。

在我们的共同努力下，负面有害的声音会被正面的关于你自己、你的生活以及你身体方面的具有挑战性的想法替代。这就是美丽芭蕾的心态。

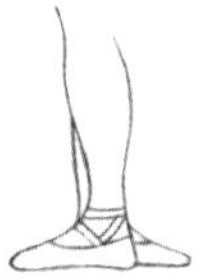

美丽芭蕾的心态就是给予你力量。活出芭蕾之美不仅要改善饮食和加强运动，为了让这些芭蕾舞动作的功效最大化，也为了饮食塑形法能真正行之有效，你必须保证自己的态度、你的自我定位是朝向成功的方向。

不再在节食和暴饮暴食两极之间摇摆，也不再盲目地选择健身课程，你将更坚定地相信你可做出改变，并且不会反弹，相信自己有能力实现目标，也终将会拥有自己梦寐以求的身材。通过树立自信和对本课程的信心，你一定会获得真正的改变，并且实现这种新的生活方式。

要想让内心的声音从自我批评和自我怀疑变成接受自己并拥抱自己的潜能，面对困难时仍坚持不懈，即便是吃了一杯冰激凌也能宽容自己并且继续努力，你需要做到以下几个步骤。记住：

1. 可以设想这样一个情景：在事情发生之前你就害怕得要命，也许是一次工作会议，也许是一次职业面试，甚至是你能想象的最糟糕的一天。

2. 试想如果能用一种开放的心态看待它，你的感觉会有什么变化。

3. 想象有一次你选择了逃避挑战而不是接受失败的风险。

4. 现在你能想象自己接受了这一挑战，因为你不那么害怕失败或者犯错了。

5. 想象某个时候自己在计划、项目或目标中受阻的情况：也许你正在节食，却要去参加一个派对，或许是你想换工作但被拒绝了。

6. 知道所有的追求都伴随着某些困难和挑战，现在你会如何看待这种机会？试着相信自己终将战胜它们，并为即将到来的挑战做好准备。

认为某种恐惧的事或者坏结果是命中注定的，这种心理并不是那么容易改变的，但也并非不可能。人无完人，美丽芭蕾的秘密武器之一就是它具有一种内在灵活性和宽容性，这也是我为什么避免走极端的原因。美丽芭蕾富有挑战性，同时又营造一种轻松且高效的文化氛围。作为一个女人，我喜欢这种组合！我喜欢接受挑战，但不喜欢被强制要求，所以这一组合总能激励我，并让我想要不断超越。正如你将了解到的，你可以一周练习 3 次，甚至 6 次。这全取决于你想要多快看到成效，我不会让你做出一些不可能的牺牲去节食。随着你的观念转变，你做决定的方式也会变化，你将好好吃饭和做运动，且这些转变不会成为你的一种负担。你不会觉得自己在虐待自己，做出了巨大的牺牲。随着你开始看到成效——身心的改善，你的心态变得更好。事实上，你会感觉每天都在给自己赠送礼物。

我的很多客户多年以来一直厌恶甚至憎恨运动，对她们而言，健身枯燥乏味极了，但美丽芭蕾会变成一份礼物——当你不做的时候便会想念它。

当你开始做出改变或者培养良好的习惯时，如果你身边的人能支持你、为你加油，那就再好不过了。这不会自动发生，而且事实可能比听上去要复杂一点。事实上，当你开始改变和成长时，你的家人和朋友可能会冷淡你，或者感觉受到了威胁。他们可能会给出一些不支持或者负面的评价。当你真的开始闪耀发光时，你周围的人很有可能并不买账。不要太往心里去。有些人把别人的转变视为对自己或自己生活方式（有些还不怎么健康）的一种威胁。当这样的情况发生时，你如何处理？你要给自己创建一个强有力的朋友圈，并且增强自己内在的力量，让变化进行下去。美丽芭蕾的心态之一便是将你的生活过到极致，而不要让他人（或自我）消极的态度让你退回原地。

在这之后的几个星期里，你会开始改变心态，获得与内在潜能的连接，做出更好的选择，并且找到一条实现梦想生活的途径。但是紧接下来的一步就是设定清晰可行的目标。“美丽芭蕾之家”会继续在这里为你加油！

设定美丽芭蕾目标并努力实现

我是个目标非常明确的人。我喜欢给自己定目标，也喜欢帮助客户实现她们自己的目标，无论是准备婚礼，进行产后恢复，准备荧幕角色，或者仅仅是为穿比基尼的季节做准备。制定目标并且为之奋斗是一个非常值得的过程。还记得美丽芭蕾就是让自己变得更强大吗？没有什么比达成自己的目标（无论大小）更令人充满力量的了。美丽芭蕾的目标将把你带到自己的内心世界，在那里，你会最终实现自己真正的需要。设定一些简单的目标的重要性，再怎么强调也不过分，这是让你能拥有芭蕾之美的关键之一。

谈到你的健康以及生活方式，要想让其发生真正长久的改变，设定目标是重要的方式之一。没有它，你很可能迷失或陷入各种困难之中，或者当你减下去的体重又回来了的时候，你很可能会无助地看着自己艰难赢得的成果付诸东流，因而痛心不已，设定美丽芭蕾的目标可以防止这种失望情形产生，让你能更好地坚持下去。

设定美丽芭蕾的目标可以帮助你与你的心态同步，将梦想付诸行动，帮助你最终获得成功。当你学会同目标建立起联系时，你便拥有了一种使自己专注的内在力量，即使在不可预料的快节奏的生活下，你也能应付自如。生活一定会给你带来惊喜，重要的是找到一套办法帮你渡过难关。

本书会提供一些简单的建议和准备清单，它们会帮助你设定并达成自己的目标：更好的身体、更健康的饮食习惯以及生活方式。无论你是想减掉 10 磅或 20 磅，或是想穿衣服更有自信，还是仅仅想变得更强壮、纯净、幸福，在书里你都可以找到实现目标的简单窍门，而且这些窍门是完全可以做到的。

不论你是否曾经跳过芭蕾，以上这一点都是成立的。我的课程适用于任何身体状态、不论是否有舞蹈经验的女性。记住这一点非常重要：当你对那些动作了然于心之后，你不必像跳了 20 年芭蕾的人那样一定要完成到某种程度。

这是个过程

下定决心并实现你的目标并不只是说出你想要的结果这么简单。如果设定目标和许愿一样容易，那么我们早就拥有了理想的体形和体重。我的意思并不是这不可能，请不要误解。与此相反，我深信每一位女性都有能力改变自己的体形和生活，并呈现出自己内心理想的形象。然而经验却告诉我，无论是我的客户，还是我自己，设定目标都是一件既困难又非常值得的工作。

设定有效的目标一方面要讲究方法，另一方面要靠你的自觉，因为根本不存在适合所有人的万能钥匙。 你必须学会倾听自己的心声，相信自己和自己的直觉，因为它们很少会让你误入歧途。

设定目标的美好之处正在于这一过程，这是一个了解自己的绝佳机会，它会帮助你去反思你过去经历的失败背后的原因，让你去找寻慰藉、新的力量，以及肯定自我和自身能力的信念。目标确定后需要坚持和努力，这样你每天都会感觉自己更接近终点一点。这很好！不要怕把自己累着了，因为一旦你完成了剩余的部分，无须太多计划或辛劳，愿望就可以轻松达成。

也许你正彷徨无措，或正在找寻改变的方法，这都没关系。本课程是相当灵活的，可以满足各种不同的需要，帮助你确定自己的目标，也给予你内在的激励达成心中所愿，这些愿望可以是关于你的身体、精神，以及心灵的。

美丽芭蕾将帮助你在繁忙的日程中腾出更多时间和精力。我一直忙着创立和运营自己的公司，所以懂得抽出时间来运动有多么困难！我觉得非常幸运，能够在授课的时候避开工作和客户们一起健身。我如果在桌前或车里待得太久，就会身体酸痛。很多女性都试图在工作、家庭和私人生活之间争取一种平衡，我和她们处在相同的困境中。我的方法是缩减做其他事情的时间：我会自己剪指甲而不是去外面修指甲，我不用吹风机吹干头发，而且只有去高级晚宴或者需要拍照的时候我才会戴假睫毛。如果需要美容，我就在查阅邮件的时候做个面膜。这些做法给我腾出了一些额外的时间去做运动，以及购买和准备健康餐，它们才是我的优先选择。事实就是我们绝不可能做完所有的事情，但是设定正确的优先顺序可以帮你有效地完成重要的事情。

做出承诺并明确你的目标

你是否发现，当你一次又一次开始试图减肥，想让自己变得健康些，最后都是惨淡收场，身心俱疲？我认识不少女性，她们尝试了许多减肥方法和极端饮食方案，最后都以失败告终。后果是什么呢？她们会被一种空虚感和失控感困扰，错误地认为自己真的拿自己的身体没办法，或者她们会抓住极端减肥法（如榨汁减肥或节食减肥）不放，因为那些办法曾经是有效的。

这种懊丧的体验经常发生在长时间不运动的女性身上，她们通过间断的节食和运动来减重塑形，最后功亏一篑。有些女性想一下子减掉10磅或20磅，刚开始的几周，在饮食和健身方面都全身心投入，但当她们因为突然心情不好而休息了一天，并且在晚饭时丧失了食欲后，第二天早餐时，她们就做出了更多错误的选择，她们意识不到自己已经失去了原来的动力。她们退出了，陷入绝望并且完全丢掉了信心——不仅是对那个健身课程，而且对她们自己也是。这个循环听起来很熟悉吧？

我也曾有过类似的经历，那种感觉糟透了。我的体重增加了，变得很焦虑，因

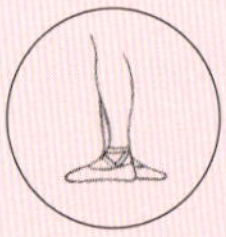

加布丽埃勒谈目标设定

一开始我的目标定得非常简单：仅仅承诺一周运动三天。我觉得这符合实际的安排。我从另一位女性那儿知道了这个课程，所以我没有什么疑虑。我希望能坚持下去，无论过程多困难，我要真正看到变化。因为我不是舞蹈演员，所以我的目标之一便是不受“不是每个人都能跳芭蕾”的成见左右，或者不让自己退缩。我身体的变化立竿见影，这也赢得了周围人的赞美。我的信心提升了，现在做得越来越多了。

为我的身体反应完全出乎我的预料。但是现在回想起来，我知道这是因为我缺乏全局观，没有从长远考虑自己的健康和幸福，而是执迷于迅速的改变，比如想要穿紧身连体舞蹈裤，让自己看起来瘦一些，或者能套上紧身牛仔裤。我没有认识到自己的“闪电节食”正在摧毁我一度十分顺畅的代谢系统，让一切都混乱不堪。直到我开始反思时才看清这些问题。我也认识到，在设定目标时，不应该一蹴而就。

多数情况下，我们之所以无法实现减肥或健身目标，是因为当初的计划不切实际或不清晰，不够健康或者系统性不强。如果目标不够明确，或者本质上不健康，那么我们便没有动力和激情去坚持到底。比方说，假如你做好了一个饮食计划，但却打算在休息日作弊，那么你很难收到持久的效果。善待自己，让自己休息一下没什么不好的，但是一边限制卡路里的摄入，一边胡吃海喝（暴饮暴食或乱吃垃圾食品）会影响最后的成效，也会对你的心态造成不利的影响，让你的身体难以承受。这种不清晰的目标往往会变成一个美好的愿望。做出承诺远不该这么做。目标没有明确性，人们通常也会丧失动力，最后放弃尝试。

真正明确的目标是，当你确立了这个目标，并厘清每个步骤后，你会真正对自己充满信心，也会竭尽全力去实现它。这就是成功之法——日积月累最后得偿所愿。

真正的改变不是一朝一夕的事情。一次做一点点，慢慢地行进，然后收获一份真正稳固的成果，在身体健康方面尤其如此。我建议按照时间表制定一个合理的阶段性目标，即思考两周、一个月、三个月、六个月（或更久）之后你想要什么样的结果，以帮助你坚持下去。

我并不是要说服你降低要求，我最讨厌听到的就是“慢慢来”“不要眼高手低”这种话了！绝对不能低估自己的才智和能力。与此同时，也不要让别人狭隘的目光限制了你对自己的期待。向他们做出回击，并且尽情享受为自己的美丽芭蕾目标而奋斗的过程。

以下是有助于你明确目标的几个引导性的问题：

1. 有没有哪个身体部位你想改变?

2. 有没有哪个身体部位你想进行强化训练或者是否想让身材变得纤细（二者殊途同归）?

3. 针对自己的身体状况和代谢水平，你的理想体重是多少? 如果你想减重，实事求是非常重要。最安全有效的期待是一周减一到两磅。因此，假如你想瘦 10 磅，那么就要做好训练 5 周以上的打算；如果想减 20 磅，应计划在 10 周完成，以此类推。

4. 想要将运动融入日常生活之中吗? 这样白天你能更加精力充沛且注意力集中地处理各种工作事项，在晚上你也能睡得更香。那么制订计划将美丽芭蕾加入每周事项，并且严格遵守课程要求就非常重要了。

你可以同时拥有多个计划，关键是弄清楚它们分别是什么，采取什么样的训练方法可以实现它们。对有些人来说，一个任务就让他们晕头转向了，但有一些人却十分享受多线并进的高强度任务。如何选择全在于你，因为只有你最了解自己。

专注于激励带来的成效

美丽芭蕾课程激励人的特征之一就在于它的成效。身材的改善会让女性感觉到一股强大的力量和勇气，我无数次地见证了这一点。我希望我的客户可以承诺每周至少拿出 3 天来练习美丽芭蕾，因为这种承诺能够保证充足的训练时间，这样才能在仅仅数周之内就能看到真正的效果。

加布丽埃勒评论说：“最初的改变发生在两三周后。我注意到自己更有力量，我的身体也变得更紧致了。一个月后，我的腰臀部位发生了更加明显的变化。我身体的整个核心部位，以及大腿内侧、髋部和臀部，所有传统运动方法无法触及的地方，都变得更加紧实了。尽管我曾经在健身房花了很多时间，但从未觉得有任何变化。可当我开始一周就做 3 天美丽芭蕾时，身体的所有改变突然就这么发生了！”

凯瑟琳也注意到这种立竿见影的改变，并谈到这种变化如何激励了她：“我觉得美丽芭蕾所带给你的迅速变化会让你更加努力。只运动了两周就看到成效，这推动着我不断坚持运动。其实我本人并不怎么热衷于健身，这实在是太令人振奋了！”

詹娜练习美丽芭蕾的经历和别人稍有不同，她是一个身材高大且强健有力的人，她所寻求的转变与众不同：“我太喜欢美丽芭蕾了。感觉自己的生活变得比以前平衡多了。我的仪态无可置疑地改善了。我是个运动员，但很容易发胖。自从开始练习美丽芭蕾，我的肌肉线条拉长了。美丽芭蕾让我身上的女性气质与力量和谐并存。”

你到底想要什么？

这个问题听上去不好回答吗？它足以让最聪明的人也犯难。当被问到我们真正的需求时，许多人都会觉得万分困惑，因此无法作答。在我看来，这一点对那些习惯于照料他人而不是自己的女性显得尤其困难。你的生活目标是成为一个更好的母亲、妻子、员工、艺术家，还是老板？或许你的需求应该更加现实一点——如何穿上小码的裤子。这并不是什么自私的事，也不是徒劳，是珍视自我、尊重自己的想法的一种表现。我敢打赌，如果你能更深入地思考那个目标，你会发现，当你能胜任其中的角色时，你的健康状况会得到改善，也会生活得更加幸福。暂停一下，思考一下你的身体素质、健康状况，甚至是你对幸福生活的期待。很多时候，一个念头的转变就足以支撑你继续下去。

为自己做一些事情：

●花点时间理清你的思路；

●享受宁静的时光，从中发现乐趣；

●说出你最想改变的身体状况（或习惯）是什么；

●相信这种改变可能实现；

●让我们一起想办法让梦想变为现实。

当你开始确定自己的目标时，这些步骤非常实用。无须费力冥想，或者进行其他任何精神操练。事实上，正是因为它们简单易行，所以才会拥有如此强大的力量：一旦你静下心来倾听自我，适合你的目标就会自然而然地显现出来。当然，使自己精神专注并非只有一种方法。冥想和呼吸练习的效果也非常好，但有时候可以更加简单一些：只需要花一点点时间去思考并且明确自己的真正需求。这种做法可以帮助你获取持续的正能量。

保持专注，从“美丽芭蕾之家”获取支持

各种各样的突发状况都可能让我们止步不前：

“太晚了！没时间去健身房了。”

“我昨晚吃多了，觉得自己胖了 10 磅。今天会‘乖乖的’，明天再开始运动。”

“我实在太累了，做饭都不愿意想。”

“婴儿肥怎么减得掉。”

当你的目标和现实生活发生冲突时，怎样继续呢？你可以让思路变开阔些，灵活行事，尝试一些新的东西，继续跟进。

最近，我的客户中有一位 30 多岁的母亲，她从 20 岁出头就没有运动过了。她发现自己“非常突然地”超重了 15 磅，但又感觉没有办法减肥，也没有时间健身。“带着一个 16 个月大的小婴儿怎么去健身房？”她用轻柔的语调无可奈何地问我。

在严肃地思考了自己的身体状况后，她想起了自己在健身房运动两小时的经历，以及具有 A 型人格的她在 15 年前读大学时的饮食和健身课程，但就是不明白如何才能在自己的双重生活中转换自如。这两种生活有可能和谐并存吗？当然有可能。我的建议是先别去想去健身房的事情了，也别再为此内疚。我帮她设计了一个健身计划，其中一些动作来自我的“15 分钟爆发课程”，另一些来自“60 分钟经典课程”，她可以在时间充足的时候练习。当她发现一周几天的运动让她的身体重新变得紧致结实时，她欣喜若狂：“多年以来这还是第一次！”这种改变激励着她吃得更健康，

并且去追求更高的目标。

为了始终牢记自己最终的目标——活出芭蕾之美，你需要专注于眼前的小目标。许多练习美丽芭蕾的女性会向“美丽芭蕾之家”寻求支持，以帮助自己保持专注。这种做法有利于强化她们对目标的忠诚度。正如詹娜说的：“每个练习美丽芭蕾的人都理解并接受女性的双重特征：既感性而柔美，又强大而充满主见。”

凯瑟琳谈道，“加入‘美丽芭蕾之家’及其课程支持系统”是一种“拥抱差异的方式，因为加入美丽芭蕾课程的女性的背景和身体状况都各不相同。这一点让我很受鼓舞。这里是安全地带——我们在同一个战壕，为了各自的目标和梦想一起努力奋斗”。

正如接下来你会读到的，融入“美丽芭蕾之家”并与之保持联系可以增强你的自信，并且有助于成功。同他人分享自己学习美丽芭蕾的经历有助于你坚持自己的目标和计划，让这个课程变得更加有趣，也让你有更大的收获。

简单的目标：远离极端，打破陈规

即便是再远大的目标，也要落实到简单的日常行动上去，并且坚定而持续地加以完成。这并不意味着要让自己受饿，或者连着 10 天只喝柠檬汁或枫糖浆，甚至放弃一切乳制品、甜品、咖啡和酒。然而你需要每天都能关注自身，这可以是一次 15 或 60 分钟的健身运动，或者将晚间甜点换成新鲜水果。

你要做的所有事情就是想想如何呵护自己，从课程里选一件事情做，然后专注于此。

妮可分享了美丽芭蕾在营养均衡方面给她带来的帮助："一直以来我对营养学都充满兴趣，但是看到太多相互矛盾的信息，这很让人困惑。美丽芭蕾课程让我了解了健康均衡饮食的重要性。玛丽·海伦的方法强调健康和营养，一切都那么简单易懂，我现在就在按照这种方式生活。我开始改掉不吃早餐的习惯了，即便是在忙碌的日子里或者迟到的情况下也会吃早餐，而且我会更多地选择营养均衡的天然健康食品。如今我甚至不再考虑节食了。我变得更苗条，更放松，也感觉自己更健康了。"

花点时间从课程中做出一些有意识的选择并持之以恒地做，很快你就不会觉得有什么困难，因为它已经变成你的新生活的一部分了。

试行目标

无论你是为出席某个重大场合做准备，还是为了减肥瘦身，或者仅仅是想甩掉你不想要的肥肉，重要的是把那个目标当成你内心真正的需要，并且考虑你的饮食及运动的时长和频率，注意它们有没有帮助你专注履行计划。

举例来说，如果你的目标是一周减一磅，哪些食物是你不能再吃的？哪些食物是你要找东西替换的？放弃加工食品和精制白糖会是一个很好的开始。仅仅是去掉这两样东西本身就可能让你在一周内减下不止一磅。你的精神和皮肤都会变得更好，睡眠质量也会提高。

一些女性的目标并不是减重，而是想要获得良好的感觉，这也更能激励她们。凯瑟琳的想法很具有代表性——把拿铁里的全脂牛奶换成脱脂牛奶。还有另外一些女性的目标是围绕着健身运动：她们决心每周做 3 次，每次做 60 分钟的芭蕾爆发训练。

神奇的是以上所有的目标都会引向同样的结果：身形更加优美，身体更强健，也更轻盈。

苏珊娜分享道："一开始我不确定我到底想要什么。当然，首次怀孕让我的身材有点走形。我希望能找到一个办法带来一些改善，同时希望一切都进行得乐观积极且有趣一点。随着我二次怀孕，我希望身体变得更强壮更健康。我不仅实现了所有的目标，而且更珍爱自己身体的全部了！我感到无比自信和有力量！"

凯瑟琳专注于这个课程本身，利用它的灵活性和便捷性来实现自己的个人目标。"这个承诺一点都不吓人。一切都有条有理，尽管复杂，但很容易坚持，而且不会让人产生畏难情绪。"

你的目标是减重，还是合理饮食？是为了获得良好的感觉，还是强身健体？不是非得制定极端化的目标才能让你获得想要的成果。设立目标时，请记住以下几点：

1. 对成效抱有一种现实的态度。一下子减掉 10 磅是绝不可能的。给自己几个星期，制定一个能帮助你健康减重且不至于反弹的计划。

2. 目标远大但脚踏实地去做，一步一步来。

3. 制订计划：想好你要锻炼的身体部位，考虑清楚你是否愿意改变饮食习惯，并且设定一个执行计划的时间表。

4. 每天都想一想你想要的结果。这种做法非常鼓舞人心，也会让你在设定目标时赋予你力量。

随机应变，为意料之外的事情做好准备。这种做法能有效地帮助你将健身坚持下去，并且找到有助于实现目标的奖励办法。在接触了全世界数以千计的女性之后，我明白了一点：每个人的激励机制都各不相同，你练美丽芭蕾可能是为了让身材纤细柔韧，并且让仪态得到改善；你的朋友可能是想减去腰上的脂肪，让心脏更健康；另一个人可能是为了穿小一两个号，在夏天充满自信地穿上短裤。

你的目标甚至可能与体重无关——你就是觉得全身疲惫、情绪不佳，想改变这种状态而已。也许你听说过“吃得干净”可以让你更有活力，头脑更清醒。你可能已经相信，如果吃得更加健康一点，你的身体也会得到改善。这确实是真的：天然健康食品会让你的身体更轻盈，思路更清晰，看上去闪闪发光，处于最佳状态。

在下一章，心态和目标会合在一起讨论，让你在二者之间获得一种平衡，最后成功达成目标。

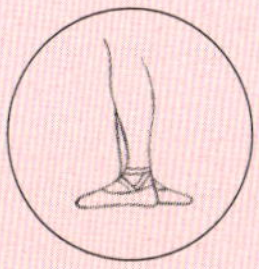

危险的体重秤

称还是不称，这的确是个好问题。对此我很难抉择。一方面，称体重能帮助我了解自己的身体，并提醒自己这就是吃太多冰激凌或者瘦太多的后果。但另一方面，称体重也可能让人上瘾，让人吃得过少……结果会引发“溜溜球式节食”。再次强调，平衡在我的课程中非常重要：称体重可以让你保持运动的状态。这就好像计算卡路里一样：此之蜜糖，彼之砒霜。我的建议是不要过分执迷于数字，要更多地关注自己的健康和幸福。即便把体重秤拿走，你身体的变化仍然是显而易见的，比如你衣服的合身程度、你自己的感受等，都能说明问题。

运动得越多，你会觉得自己越强大；感觉自身越强大，你就越能把握好生活的平衡。这种良性循环会一直发出正面的反馈。

所以你练习美丽芭蕾是为了获得更多自信吗？

到底是你自身的愿望还是他人的期待驱使你去练习？

在这里我想说的是倾听你内心的声音。将目标进行到底。

修订目标，重新设想，奖励自己

当你开始专注于自己的目标时，要知道随着你对美丽芭蕾生活方式的理解更加深入，你的目标也会自然而然地发生改变。这很好。你在完成一个小目标之后会想要给自己再定一个。这个过程可能持续两周到两个月，时间并不重要，重要的是你自己可以继续做到以下几点。

- 随着你的进步不断修订自己的目标；
- 重新想象最终的结果；
- 随时随地奖励自己。

节食的同时用食物奖励自己，这是个恶性循环，你会永远在吃不饱和吃太多之间打转。给自己找一些不会和目标发生冲突的奖励，并且尽情享受它们。比如来一次您闲而漫长的盐浴，敷上面膜玩着水泡，放纵地享受一次私家水疗之夜吧；或者给自己进行一次期盼已久的休息，从既定的生活中解放出来，煮上一壶茶，读一本最喜欢的小说；或者下班回家时在路上慢慢散步。奖励至关重要，因为它们能帮助你保持生活的平衡。但要记住，拿食物做奖励，比如一大块比萨和一大杯冰激凌，效果会适得其反！

在下一章里，我们会更多地讨论如何创造一种均衡的饮食方式和平衡的生活。保持平衡是美丽芭蕾心态的关键所在，也有助于灵活处理各种事情。

第三章

你的起点：保持平衡并且关注你的感受

成为专业芭蕾舞者需要异常强大的身体力量、抗压能力和自信心，这不仅因为芭蕾这一艺术形式本身就对舞者的身体素质有极高的要求，而且也是为了让他们每次在数千观众面前表演的时候能够应付自如。

日常的身体训练非常残酷，这就是为什么芭蕾舞者有着出了名的自律。当你每周需要至少 70 个小时的训练将身体推向极限，而且永远在通过身体摸索最完美的艺术表达时，那么就少不了严格的纪律。你的生活、思考、舞蹈甚至梦境都是和芭蕾相关的，这几乎已经变成了一种默认设定，因为你没有时间做别的事情。一双又一双的新鞋缝好后又跳坏了（有时候一天要损坏三四双），拉伸，排练……日子就这样慢慢流逝，中间隔着夜场表演的狂喜，以及在舞台上真正释放灵魂的时刻。这种难以置信的高强度生活需要无限的奉献和专注精神，然而却有可能引发内心失衡。

这个问题比较棘手，因为在一个挑战极限的世界里保持平衡是非常困难的。很多次人们劝我“拉上窗帘”“忘掉周围所有人所有事”，把心思都放在跳舞上。我是个艺术家，也是位女性，这种办法并不适用于我的情况。这让我感觉自己被关在笼子里压瘪了，感觉不能成长，也无法呼吸。当我离开了剧院，获得了一种更丰富的生活时，我认识到自己要更重视生活平衡，也开始关注呵护自己、合理饮食和休闲这些重要的事。

不走极端

幸运的是，在事业发展的早期我就学会了一点：想要真正把身体保养好，就必须在舞蹈室之外的地方训练。与此同时，我也意识到（经过无数次的试错），极端饮食会导致抑郁、没有安全感和身体状态的不稳定。即便我是个舞蹈演员，我的身体构造和你们也别无二致。经历了几次极端减肥法后，惨痛的教训告诉我，减重太快最终会适得其反，因为你容易对食物上瘾，之前减下去的重量很快又会全部反弹回来。这不是一种健康高效的生活方式。事实上，它会让你的代谢系统、精神和肉体饱受折磨，最后无功而返。

尽管速效减肥听起来无比诱人，但我认为功效持久才是衡量健身或生活方式课程有价值的真正标准。饮食和运动的平衡有助于减重，并让你的外表和感受都变得更好，而更重要的是，能让来之不易的成果持续下去。这就意味着，要远离极端（吃得太少和太多，完全不运动或者运动上瘾），并且将注意力集中在自己的幸福和健康上面。这一点怎么强调都不过分！通过美丽芭蕾，我学会了如何在芭蕾课、排练和演出之间找到平衡，既保持自己作为舞蹈演员的专业水准，又进行交叉训练，让身体保持强壮健康。与此同时，我也学会了在饮食和心灵之间获得平衡。

正如詹娜对这一课程的描述：“美丽芭蕾做起来非常便利，本质上又是循序渐进的，我发现其中的一个动作仅仅是全身站直就可以了。这套课程综合了各种运动，它变成了我生活的重要组成部分，而且不必专门花时间去健身房。我可以尊重自己的内心，在和别人分享这一运动时我也是这么说的。”

所谓平衡，并不仅仅是增强肌肉力量，做出完美的劈叉跳或三周单腿旋转的动作，更重要的是学会与内心连通，知道你需要什么，排好优先次序，同时保持一定的宽容度和灵活性，不要做过头，最后适得其反。

平衡也意味着随时观照自身的感受。假如你的精力时而非常旺盛，时而极其衰弱，或者心情时好时坏，那么可能是你做了一些事情触发了这种情绪的波动。身体的平衡是基础，内心和精神也不可小觑，它们往往相伴而行。

身体平衡

为了保持身体平衡，你必须：

- 学会倾听；
- 避免节食；
- 过度放纵之后知道何时该重新开始；
- 不断考虑身体的需要。

正如本书一贯主张的，不吃东西只会导致暴饮暴食和身体失衡。节食绝不会对身体有好处。从健康自然的食物中摄取能量和营养的时候，我们身体运转得最好。你可以少吃多餐，再补充些点心，也可以每日三餐健康均衡饮食。一条非常好的建议是每隔 4 小时吃点健康食品，尽量不要让自己挨饿。（健康零食和轻食方案请参

考第三部分的内容）

规律进食有利于保持血压平稳，也能控制食欲（尤其是对糖、淀粉和碳水化合物的需求），有助于身心平衡。长时间运动而不摄取任何营养会使血糖降低，可能会让人感觉头晕烦躁，身心不适。这种情况下，一旦吃起来，你会吃得太多。我把节食视作一场灾难，不仅摧毁你的代谢系统，还会造成饮食无度的恶性循环。到了这个时候，你就要警惕了，极端饮食会影响你的身体平衡，威胁健康。我会在第八章分享饮食计划的细节并帮助你将其付诸实施，但现在我需要你找到并且避开会引发暴食行为的导火索，比如说情绪化地或无意识地吃一堆身体本不需要的东西，包括开车、打电话、站在冰箱前或者坐在沙发上看电视

吃得太多，还是太少？或是刚刚好？

避免走极端的最好的减肥办法是保持一种灵活的心态。正如你在接下来的几章中会看到的，灵活行事能让你原谅自己之前不好的表现；专注于简单的步骤，坚持努力达成所愿，也有助于你了解自己吃多少才是刚刚好。

太饿和太饱往往是一种失衡、焦虑和痛苦情绪的恶性循环的体现。我自己的经验是，二者之间有一种糟糕的因果关系：吃不够常常导致后来暴饮暴食，反之亦然。美丽芭蕾的宗旨是爱惜你的身体，并且让它呈现出最好、最强大也最灵活的状态，而不是出现恶性循环。吃太少对你而言是一种惩罚，当你极度需要适当的营养作为奖励时，吃不够必然会引发强烈的食欲，让你整个身体和代谢系统都处于失衡状态，最后让你长胖，变得不快乐。

时无意识吃的一些食物。解决过量饮食的最好办法是做记录，从另一个层面上来说，如果你意识不到自己吃东西的这个行为，你也不可能在吃的过程中获得真正的享受和满足。

保持活力

获得并保持身体新平衡的另一重要途径是规律运动。学着去弄明白自己身体的需要，比如你倾向于在早上还是在晚上运动，然后设定一个适合自己、让自己满意的计划，这种做法能帮助你实现目标并将其保持下去。假如你很讨厌早上运动，那就不必早上做，也许你的最佳方式是晚上运动，这样你就可以真正地扫除一整天的压力，关注自身，获得享受。但是如果你的工作截止时间、家务事和各种聚会都在晚上，那么我强烈建议你想办法在早晨或中午抽出时间健身。

一个激励自己坚持下去的办法是听从身体的需要，在运动的时候把注意力放在好的感受上。这种调整是保持运动动力的关键，即便我们不想做运动的时候也会做，因为知道这能让自己感觉好很多。进一步说：当你觉得疲惫、紧张或者时间不够用的时候，提醒自己运动的奇妙功效：运动的激励作用是能够帮你渡过难关，这种感觉真是好极了！

我不会不吃正餐，而且每天总是拿出至少 15 分钟来健身。即便是在一天工作16小时的时候，比如要赶场开会、做培训、写博客以及管理日益壮大的美丽芭蕾事务，但我总要找出一点时间动一动，这只是为了自己。幸运的是，我在做培训或者授课的时候，总是能够偷偷地完成自己的训练。但情况并非总是如此，有些日子我甚至一天连15分钟都腾不出来。尽管如此，我也会提醒自己保持平衡的重要性。因此，那种时候，我会在夜间做一次快速版的天鹅臂有氧练习。切记：积少成多，水滴石穿。

有规律的运动会带来很重要的多米诺骨牌效应：你越运动，你的身体就越能适应身体的活动，同时越能帮你加速代谢（所以你在全天候地燃烧脂肪），让你精力充沛。目标越明确，你的注意力就能保持越久。你会变得更高效，更自信，收获更多。

而这一切无须经过长达每天5小时的专业体能训练，即使在忙碌的时候，如果你能做10~15分钟的运动，你的自我感觉也会更好，会选择更健康的食物，第二天继续健身的可能性也会更大。

回想过去的饮食方法，我知道了自己必然失败的原因。我有目标，但却完全不知道如何让一切保持下去。有些减了一辈子肥的人一听到“保持”这个词就心生畏惧。为什么？因为当他们坚持采用节食减肥法的时候经常会遇到瓶颈期，这也让他们联想到了过去无数次的失败。

美丽芭蕾课程与众不同。你努力实现崭新的美丽芭蕾目标，拥有纤细匀称的身材，然后通过寻求平衡来保持这种体形。你要做的仅仅是每天问自己：我早餐吃了什么？我今天摄入了足量的水果、蔬菜和全麦食品吗？我应该做15分钟的运动还是更长的？今天水喝够了吗？这一类问题有助于你掌握自己的感受和需要，也能帮你增强合理饮食的意识和信心，这样你就可以在吃撑之前及时打住，或者在疲于应对快节奏生活的时候，调整和改正饮食习惯。这样美丽芭蕾就变成了你生活的一部分，而不仅仅是另一个新奇的健身方式或者饮食方式。这就是它的美妙之处，我想要做的就是帮助你达成所愿并止于至善之地。虽然听起来很乏味，但美丽芭蕾均衡之道的关键确实在于，你可以跟朋友一起吃一两块比萨，再喝一瓶啤酒，第二天醒来仍然自信而从容地开始运动。

内心平衡

当我们沮丧或遇事不顺时，我们所有的人都曾经用食物安慰自己，为的是让自己感觉好过一些。

设想一下这样一个场景：下班回家后你又累又饿，焦虑之后无意识地放弃了自己的平衡原则，先饱餐了一顿，然后再加上一份甜点。第二天早上醒来的时候，你觉得浑身肿胀，无精打采，万分沮丧，非常糟糕。这些自己（和身体）的负面反馈让你更加紧张不安：到底怎么做才能扳回一局呢？不吃早餐？不。当你打开衣柜看到自己的紧身牛仔裤时，确信今天无论如何也穿不上了，你突然觉得悲惨无比。你觉得毫无希望，对自己感到愤怒，刹那间你又开始幻想巧克力冰激凌有多么美味……你觉得再怎么样这周也无法挽回了，完全错误！我曾经屈从于自我怀疑的感觉以至于憎恨自己，然后站在冰箱前拿巧克力冰激凌当早餐。这种感觉并不好。但是，现在的我可以非常快乐地告

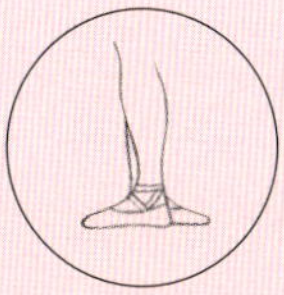

设定一个休息日

每周我都会抽一整天出来让身体休息、放松和恢复。身体和心灵都需要暂停的时候，但不要把休息日视为作弊！休息日的目的在于奖励你的身体，但作弊指的是狂吃狂喝以至于威胁美丽芭蕾计划的实行和身体平衡。

诉你，我已经学会了发现问题并解决问题，而你也一定能做到。当我早上真的想吃巧克力冰激凌的时候，我就会吃，只是会刻意忽略午餐前的食欲。

当我处在这种万分痛苦的时刻，感觉一切都失去了控制。我不知道真正挽回的办法到底是应该不再管紧身牛仔裤了，穿件别的衣服，还是应该吃点健康营养的，比如来一片全麦面包配上新鲜牛油果，然后让生活继续。那时候的我也无从得知，我最需要的其实是对自己保持宽容和善意，而不是变得焦虑、生气和沮丧。让自己远离那些丧气话！当你想退缩，一定要三思而行。

我是怎么学会这些的？不断试错。总体而言，和吃煎饼或华夫饼相比，早餐吃巧克力冰激凌未必坏到哪里，但我发现情绪化进食不仅没能让我变得快乐，反而令我感觉更糟糕。我们中的很多人都会冲动进食，但这也很容易控制。我在设计自己的课程时，开始更多地关注自己冲动进食的规律。我学会了如何去寻找情绪化饮食的触发因素，由此，我便可以清醒地避免类似情况再次发生，并做出更好的选择。直到如今，我还一直坚持这样做。

让我们总结一下。如果你清晨醒来觉得精神疲惫、身体浮肿，试着将其归结于身体方面的原因。全身浮肿有可能是因为你正处于经前综合征状态，或者你在前一天晚上喝了两杯啤酒，晚饭前吃了太多橄榄，又或许是因为饭菜太咸，甚至有可能是因为你吃了一顿高纤维的食物，而你的身体还没有适应。当你产生这种感觉的时候，很难不对自己感到失望，但是身心不适的背后总有一个现实的原因，不论是你吃了球花甘蓝，还是你早餐吃了高纤维的吐司或者鲜杧果片，重点是，情况也许并没有那么糟糕。

或许身体浮肿本身会给你带来一种罪恶、羞耻、受辱、沮丧的感觉，或这已经让你觉得自己很糟糕。这种消极的情绪很可能源于过去的某些饮食经历给你留下了阴影。对于女性而言（男性也一样），她们觉得郁闷的时候，就会吃东西缓解。这可能来自早年的生活印记：也许你吵闹时，母亲会给你一瓶吃的；你哭了，她又会递给你几块饼干。你的家庭文化可能就是：庆祝的时候吃东西，压力大或者遇到危机的时候也是吃东西。虽然吃是人类的一种正常行为，但是如果你的吃喝是源于情绪问题（尤其是消极情绪），而不是身体的自然需要，就危险了。这种恶性循环是我们需要打破并且有能力去打破的。

你真的饿了吗？

下次你发现想用吃东西安慰自己的时候，按以下步骤行事：

1. 深吸一口气然后呼气；

2. 接着问自己你到底是因为身体的饥饿，还是仅仅因为疲倦或口渴或者情绪低落而吃东西。

如果你想办法去弄清楚了到底是因为饥饿还是因为其他某种情绪化的东西而进食，那么你就有可能停止这种不自觉而冲动进食的习惯。这两步听起来虽然看上去再简单不过，但我保证它们有效果。当你觉得压力大到无法承受时，这种做法也能帮助你选择更健康的食物并重获内心平衡。为什么？因为我们每个人都有能力认清自己的感觉，也能在饮食方面做到不受情绪的干扰。

你也可以学着用一种平衡而温和的方式去尽情满足自己的欲望。我会有节制地去享用一些自己非常喜爱的食物。这些东西虽然曾一度被视作禁忌，但却是让我保持身体平衡的重要因素。我每天都吃巧克力，晚餐前常常会享用少量的奶酪和啤酒，同时在吃东西上面也不会设定过多的清规戒律，但是我会留心这些食物带给我的感觉。如果晚餐前太饿，我会先吃点生蔬菜、鹰嘴豆泥和一点橄榄，然后再吃奶酪（用山羊奶酪代替三份奶油的布里奶酪）当我咬下一小口奶酪时，我是真的在品味它。我把咀嚼的速度放慢，尽情享受吃的乐趣。这有助于我重视自己的感觉，并且易于满足。如果第二天我要早起训练的话，在工作日的晚上，我会喝半杯啤酒，但在周末，有兴致的时候我会允许自己多喝一点。

无论我多忙或者工作到多晚，我也绝不会不吃东西。我总是带点零食在身边，以防万一，这样既不会挨饿，也不至于饥不择食。你应该和我一样清楚：不吃正餐会导致吃下不健康的食品。

正如你在第八章中会看到的，保持平衡的最佳方式是少吃多餐。我每天会吃两三种零食和三四顿轻食。听起来我吃得不少，但如果你选择的食物是你的身体真正需要和用得着的，那么多吃几餐有利于身体燃烧卡路里并让血糖水平保持稳定。

留心自己的感受

当我退出芭蕾舞团、成立自己的公司并担任美丽芭蕾首席执行官，我不得不好好学习如何照顾好自己。我意识到，呵护自己的第一步是关注自己身体的感受。之前我在疼痛里挣扎突围时曾否认自己的伤病，这种不明智的态度极大阻碍了我的康复。

慢慢地，我开始做一些例行的检查，问自己问题，并且和身体对话：

●这到底是肌肉酸痛还是关节疼痛?

●零食让我感觉更好还是变得有点沮丧?

●为什么我会觉得眩晕无力?

●今天我吃了什么东西让自己感觉如此良好?

我意识到在弄清楚让自己受伤、觉得强大、身体紧张或者虚弱的原因后，就可以更有针对性地做运动计划了。一旦找准了身体的感觉，并开始有意识地倾听身体内在的声音，你会将自己正在做的事情和你的感觉联系起来，这样你就可以用这种方法去自我监控，进而调整运动计划。正如你随后就会了解到的，此套课程的选择有很多，如单一运动、组合运动、短时运动、长时运动，也有针对不同部位的专项训练。你越是有意识地聆听自己身体内在的声音，就能设计一份越有针对性的健身计划，而且你会更加投入训练。你的积极性提高了之后，你就会更坚定地执行自己的计划，最终实现美丽芭蕾的目标!

以下是一份帮助你明确自我感觉的清单：

1. 你觉得精力充沛吗?
2. 你感到疲乏吗?
3. 你感到暴躁或易怒吗?
4. 你大部分时候都是快乐充实的吗?

当你开始重视自己的感觉，回头想想刚过去的这一天：你对吃的东西满意吗？你是否善待了自己的身体？比如是否吃了健康早餐和新鲜天然食品？这些让你的身体感觉如何？如果吃太多不健康或者深加工的食品，你的情绪会受到怎样的影响？你有活动活动身体吗？活动之后感觉怎么样？每天花点时间做几次反思，将注意力集中在你的感觉上，找出那些对你有益的因素。我学到的很重要的一点是，真正爱上健身和健康的食物是完全可能的。我的很多女性客户在改变了自己的饮食习惯后，不仅惊讶于身心感觉之良好，也认识到真正的好食物到底是什么。开始的时候，关注不同食物带给你的不同感受。如果吃完某种食物后你感觉很好，那么这种食物很有可能对你有好处。假如你吃完后感觉身体沉重、嗜睡且沮丧，可能是因为你吃了太多含有高淀粉或高糖添加剂和化学制品的不健康食物。这类食品你可以试着慢慢去品尝，享受每一口的滋味，但是不要沉溺于此！

精神平衡：是你保持身心健康的关键

身体平衡和内心平衡是密切相关的，这两种平衡的达成都首先需要吃好吃饱，选择健康的食物，关注内心的感觉。当你养成了这种习惯，你就可以保持精神的平衡，其体现便是思路清晰、精神凝聚，不断朝着目标而努力（无论是每日目标、两月目标还是终身目标）。

精神平衡是一切的基础。对内在的自己保持清醒的感知力，以真实的感觉为准绳，关注自我，无论在什么时候都保持自信。当你获得了精神上的平衡，你可以更好地面对各种挑战，承受挫折，继续向前冲。

美丽芭蕾准备清单

让我们快速回顾一下自己是否处于平衡状态中：

1. 你在呵护自己的身体吗？确保你每周至少能运动 3 次，至多 5 到 6 次。每次健身可以是做简短的 15 分钟爆发课程或者 60 分钟经典课程，也可以是把两个 15 分钟课程结合在一起的组合运动，专攻手臂和腿部。

2. 你在监督自己的冲动进食吗？你有没有意识到自己的行为？你有没有在确认自己的确是饿了才去吃零食？你有没有停下来去倾听内心不舒服的声音，而这种声音可能触发强烈的食欲？

3. 你是否定期奖励自己？正如你在此章所了解到的，了解饥饿、焦虑、压力和恐惧之间的区别后可以让你选择去做一些对自己好的事情，而不是拿豆形软糖发泄情绪。包括买杂志、剪脚指甲、在家做一次水疗、花几分钟浏览一下你最喜欢的购物网站，甚至打个小盹补充一下精力等一些非饮食性的安抚行为。

4. 你吃的东西合适吗？记住要多吃几餐，并且选择健康的食物。

5. 你的思维方式是积极健康的吗？尤其是想到你自己的时候。

当你好好吃饭，并且每周健身6次，每次至少15分钟的时候，你的身体会感谢你，而且你也会发现的确可以保持这种平衡。当你学会关注自己的感受，并且剔除对自己身体或健身不利的习惯时，你会轻松自然地达到身体、内心和精神的平衡。记住：我们所有人都会因为冲动而进食，因为当我们觉得糟糕、不舒服、沮丧，或者有什么妨碍身体内在平衡的感受时，从食物中寻求慰藉是一种自然而然的行为。当你能够清醒地意识到你正处于情绪化进食的边缘时，比起吃太多纸杯蛋糕，或者因喝太多鸡尾酒而触发无法控制的食欲，又或者要不停地吃完一大杯哈根达斯而不是一份更清淡的甜品，你可以选择度过健康和运动的一天。

保持平衡是美丽芭蕾心态的精髓所在。当你开始认识到自己内在的偏好，并且从一种消极的心态转向一种正面且有利于成长的心态时，确定一个现实的、自我激励的目标会变得轻而易举。接着，你会自然地调动自身的积极性，努力争取实现目标，并让自己感觉更加自信和强大。这是获得身体、内心和精神的平衡并让你守住底线的基础。从这里开始之后，你将不断前进！

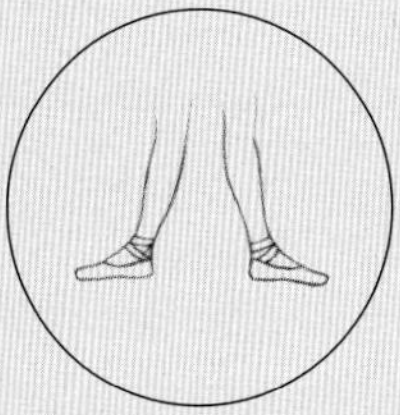

第二部分

美丽芭蕾课程

我希望每个女性都能感受到力与美以及无限可能的力量!

第四章

美丽芭蕾的方法：芭蕾基础

有些人会告诉你，不是专业舞者再怎么练也不会跳得好。而另一些人则会说只瘦身体的某个部位是不可能的，所以假如你想要臀部更挺翘，腹部更平滑，你必须做全身运动。对此，我非常不赞同。

我相信每一位女性都有改变自己身体的能力。我见证了美丽芭蕾让全世界不计其数的女性的身体和生活发生了脱胎换骨的变化，其中也包括我自己，我相信你也可以做到。在这几章中，你将了解自己“芭蕾肌”的位置，更重要的是你会开始重塑自己的体形和体态。我们会一起分解美丽芭蕾的基本动作，并解释这一课程如何通过低强度的运动和拉伸有效地训练重要的芭蕾肌群，帮你练出芭蕾舞者所能做出的流畅的动作，并塑造美丽的身体线条和优雅的体态。这就是美丽芭蕾与众不同之处，也是你不可思议的转变背后的奥秘所在。

简而言之，美丽芭蕾会聚焦身体以下 5 个特征：

1. 灵活性。通过每天的拉伸，所有人都能提高身体的柔韧性，变得灵活。美丽芭蕾的每个动作都以拉伸开始，最后以拉伸结束，这样肌肉就能纤细、有弹性。

2. 强大的核心肌群。芭蕾舞者的力与美都来源于这些强大但窄小的核心肌肉。美丽芭蕾的动作有效针对腹部以及背部的肌肉，旨在打造舞者般平衡而有力的核心肌群。

3. 美丽的臀部。芭蕾舞者的臀部出了名地紧致漂亮。美丽芭蕾课程可以让你的臀部变得更挺翘，紧实而有形。如果你的臀形已经够完美了，怕运动会改变它的形态，不必担心，美丽芭蕾不会带来这种影响。

4. 纤细有形的双腿。芭蕾舞者的双腿匀称纤细到了极致，美丽芭蕾可以拉伸肌肉，塑造充满力量的双腿。

5. 紧致柔美的双臂以及优雅的体态。芭蕾舞者的上半身兼具力与美。我的上半身系列课程可以帮助改善体态，打造出优美玲珑的上半身身段。

你的“芭蕾肌”

芭蕾舞者可以练出独特的体形和姿态。原因很简单：芭蕾舞有针对性地训练了一些核心肌肉，这是其他健身项目或运动很难涉及的。虽然听起来有点吓人，但只要经过科学的练习几乎所有人都办得到。在美丽芭蕾课程中，我们会一起练习一系列简单而有针对性的芭蕾动作和拉伸动作，唤醒你的“芭蕾肌”，从而塑造出上述体形和身姿。我们的美学标准是力与美的结合。

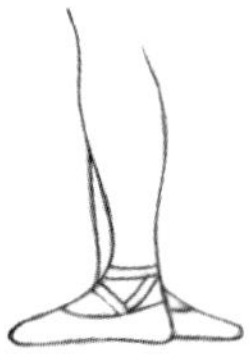

芭蕾入门：快速浏览芭蕾术语

芭蕾舞诞生于法国宫廷，所以如今大部分的姿势和动作仍然是用法语表述的。当然，想要理解这些动作并不一定要会说法语，但当你开始习惯美丽芭蕾这一运动方式，也许会发现这些法语单词的直译有助于你将某个动作视觉化。

步位（Alignment）：将身体保持在一条均衡优雅的直线上。

支撑腿：做任何动作或姿势时，立在地面的承受全身大部分重量的腿。

动力腿：做某种动作的一条腿，另一条腿支撑身体的重量。

迎风展翅式 (Arabasque)：一种古典芭蕾站姿。动力腿伸向身后，触地或朝向空中，膝关节绷直。支撑腿可以站直或半屈膝。双手在不同位置将决定舞者处于这一舞姿的不同站姿。

双腿集中跳落（Assemble）：一条腿先在地面滑行，延伸到空中，带动另一条腿，双腿在空中并拢后同时落地。

鹤立式（Attitude）：一腿抬起，膝关节弯曲至一定弧度，支撑腿可以站直或者脚尖点地或者半点地，可做向前、向后或侧边的鹤立式动作。

腿部拍打动作的总称（Battement）：具体动作由其后接的词决定。

切步（Coupe）：“切”即一只脚在另一只脚前或后做切割动作（双脚并拢站立后，一只脚离开地面，并指向支撑腿的脚踝处）。这主要作为跳的辅助动作。

伸展（Extension）：将双臂在半空伸展出去，或抬腿并保持姿势的能力。

单腿屈膝 (Fondu or fondue)：支撑腿的弯曲和拉伸。

单腿站立（Passe）：一腿提起经过另一条腿膝关节部位的动作，或动力腿放在支撑腿膝关节部位时的动作。

旋转（Piroutte）：单腿站立旋转。

屈膝 (Plie)：含全屈膝和半屈膝。弯曲的动作必须缓慢而流畅，还原时也一样。做半屈膝时，脚跟不离开地面。全屈膝时蹲到最低点。

足尖鞋：让芭蕾舞者可以用脚尖跳舞的缎面鞋。

上提 （Releve）：脚尖半点地，或者用大脚趾支撑，使身体上提。

单腿画圈（Rond de jambe）：单腿在空中或者地面画圈的动作。

延伸 (Tendu)：动力腿向前、侧面或后面沿着地面滑行伸出的动作，只有脚尖触地。也可以作为更复杂的动作如旋转或跳跃的准备动作。

外开（Turnout）：任一位置上舞者分开双腿使髋关节向外打开的姿势。

芭蕾舞姿的脚位和手位

芭蕾舞中各有五个基本的脚的姿势（脚位）和手臂的姿势（手位），几乎每个基本动作都是以此开始或结束的。

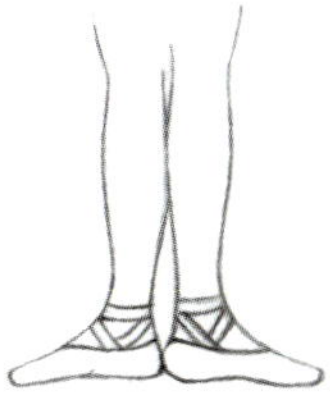

∧ 一位脚

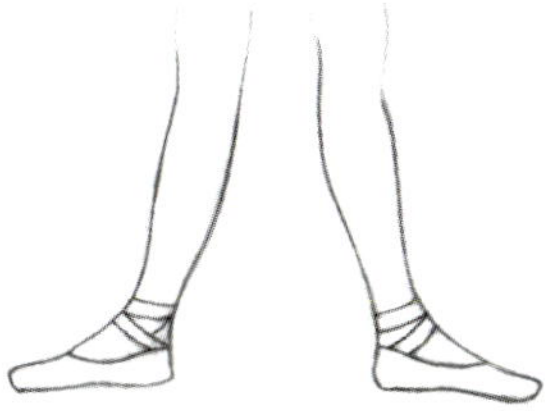

∧ 二位脚

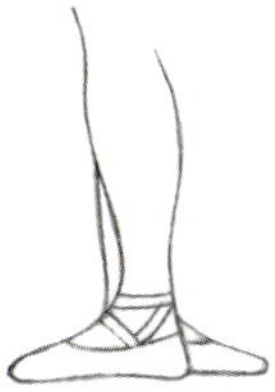

∧ 三位脚

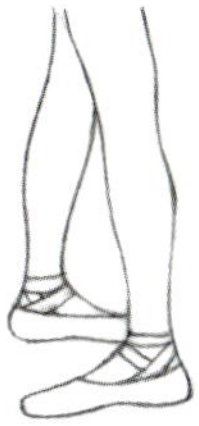

∧ 四位脚

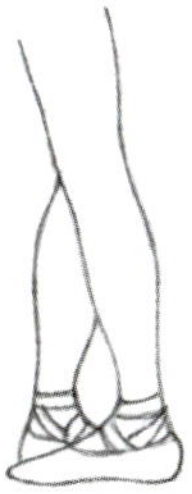

∧ 五位脚

芭蕾舞的脚位：

一位脚： 双脚脚尖向外完全打开，脚跟并拢，双脚成一条直线。

二位脚： 脚跟分开与臀部同宽，保持双脚脚尖朝外。

三位脚： 一只脚放在另一只脚前面，前脚后部接触后脚中部。

四位脚： 双脚站位与三位脚类似，不同的是前脚和后脚相距约一步的距离，双脚打开。

五位脚： 两只脚前后紧贴在一起，一只脚的后跟紧挨着另一只脚的脚尖。

六位脚： 两脚平行并拢。

注意： 六位脚是我加上去的，重点是需要双脚保持平行，我有时会加在站式爆发动作中。

∧ 一位手

∧ 二位手

∧ 三位手

∧ 四位手

∧ 五位手

芭蕾舞的手位（英皇体系手位）

一位手：手臂前伸，合成一个圆形，手与腰同高。

二位手：双臂向两侧打开，手肘稍弯、上举至齐肩。

三位手：一条手臂呈弧形伸向身前（如一位手），另一条手臂伸向一侧（如二位手）。

四位手：一条手臂呈弧形伸向身前，另一条手臂往上伸至头顶上方。手肘略屈，手指放松。

五位手：双臂举过头顶，围成一个圆形。

做迎风展翅式时，双脚的位置随着手臂位置不同而做出相应改变。

以下会有更详尽的指导。

∧ 第一迎风展翅式

∧ 第二迎风展翅式

∧ 第三迎风展翅式

迎风展翅式基本动作

第一迎风展翅式：先按迎风展翅式基本姿势站好（一腿直立或屈膝，另一腿伸至身后，脚尖立起或抬至空中），然后将动力腿同侧的手臂移动至身后呈二位。将另一手臂（与支撑腿同侧）伸向身前，手比肩稍高。

第二迎风展翅式：以迎风展翅式姿势开始。伸展与动力腿同侧的手臂，将其伸至身体前面，将与支撑腿同侧的手臂移动至身后呈二位。

第三迎风展翅式：以迎风展翅式姿势开始。手肘伸直，双臂前伸。动力腿同侧的手臂与肩膀同高，如第一迎风展翅式，但低于另一手臂，双手之间距离约 40 厘米。

美丽芭蕾的拉伸方法

拉伸是舞者日常生活中非常重要的一部分，它能放松肌肉，增强身体柔韧性。任何一门舞蹈课每一次练习或是健身，开始、中间和结束部分都会做拉伸。正如你将在课程的相关章节看到的，无论你是做 15 分钟、30 分钟还是 60 分钟的运动，我建议在开始的时候都要拉伸。练习过程中，你的肌肉会变得疲惫，此时你需要暂停一下，快速喝口水，拉伸一下这些肌肉，让它们更加纤长而紧实。如果你是初学者，在运动间歇花点额外的时间做拉伸，少做几组循环，这也能帮你调整运动强度，在增强力量的同时让你的身体得到休息。

在运动间歇停下来拉伸的重要原因之一，是让你的身体尽可能保持柔韧和温暖。当你感到关节僵硬酸痛的时候，是你的身体在提醒你要活动起来。美丽芭蕾的拉伸和练习会让你的体形体态和内心感受发生难以置信的转变：既能让关节变得强劲而灵活，也能让肌肉变得紧实而有韧性。虽然我不能保证你的灵活性骤然提升或马上就能做好劈叉的动作，但我承诺每日的拉伸会慢慢地使你的柔韧性增强，并且帮助你缓解关节僵硬疼痛的症状。如果你需要长时间开车、久坐或者伏案工作，这些拉伸也能缓解背部疼痛感，让你的身体保持灵活。

我将拉伸视为每日必需，它也是我的美体程序中的一个重要环节。它能让我的肌肉放松下来，让我专注于身体的动作，然后享受这一切。我在纽约芭蕾舞团表演时，在热身前腾出一点时间做拉伸往往能帮助我快速进入演出状态，并且让我的精神进入冷静和专注状态。做好发型化好妆以后，我会穿上保暖裤、舞蹈衫和一件超大号带拉链的绒毛衫（容易穿脱，不会弄乱我的发型和妆容），去后台找一个安静的角落做拉伸，直到演出开始。因为我的肌肉已经习惯于频繁的拉伸，所以每天不做都不行。拉伸好像一种会上瘾的运动习惯，让我的身体变得更好。

我的拉伸方法和许多其他的健身项目不一样，不是把它当成一种运动前后额外的附加品，而是作为运动过程中必不可少的部分。你在强化训练肌肉的时候，拉伸能促进它们放松和伸展，这也有利于运动过后身体的恢复。运动的时候，别忘了我的很多节课程中都会强烈要求你拉伸四肢以达到最好的效果。

基础的拉伸动作

以下是一些你将在美丽芭蕾的课程——无论是 60 分钟经典课还是 15 分钟的爆发课中，都会用到的基础的拉伸动作。根据你时间的宽裕度和你身体的紧张程度，每个动作可以保持 10~90 秒。

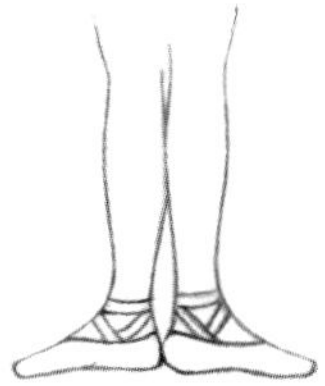

经典腿部后侧肌腱拉伸

1. 坐在地上，双腿放在胸前。一腿屈膝，另一条腿在胸前伸直。

2. 上身尽量向伸直的那条腿的脚尖靠。如果一开始你不能抓住脚，尽量向脚延伸的方向靠，把双手放在伸直的腿上，然后尽量将脚往上拉，以增强柔韧性。

3. 呼气把身体向前伸，将屈膝一侧的臀部尽量向下压。

4. 不用担心你的臀部能否接触地板或者是否够低，每个人的身体构造都不相同。慢慢地，你的髋关节会逐渐放松且打开。

5. 更具挑战性的做法是在上半身加入一个转体的动作。上身向前伸展时，将与伸出去的那条腿同侧的手臂抬到空中，并向身后上方看，稍稍扭转脊柱，抬起的手臂也与视线在同一方向上。挺胸，尽可能地伸展手臂。

6. 换另一侧重复做。

髋关节拉伸（呈放松的鸽式）

动作效果奇佳，但要保持耐心，让你的身体慢慢柔软下来。

1. 先坐在垫子上。一腿屈膝在前，另一腿在身后伸直。

2. 身体坐直，挺胸收腹。

3. 轻轻将身体转向屈膝的一侧，拉伸脊柱。如前所述，不要担心臀部是否能贴着垫子或者是否够低。多练习后你的髋关节一定会变得放松且打开。

4. 换另一侧重复做。

大腿内侧拉伸

1. 先坐在垫子上。将一条腿伸向身体的一侧，如同准备劈叉一样，身体向该腿脚尖靠近。弯曲另一条腿，做出单腿踮立的姿势，稍向前放。

2. 伸长伸直的那条腿，将另一侧的手臂举起，在头顶弯曲，再向伸直的腿方向压，将身体靠近伸直那条腿，拉伸上半身。将另一手臂放低弯曲在胸前。

3. 从侧面慢慢起身，回到原来位置。

4. 换另一侧重复。

上半身带手位拉伸

1. 这一动作可站可坐。举高双臂至五位动作，脖颈和肩部保持放松。

2. 放下一侧手臂呈四位，收紧腹部。吸气并将身体上提，上方手臂尽量伸展出去。

3. 双臂呈一位（在胸前绕成环），然后再举起至五位。

4. 换另一侧重复做。

Upper
Body

站式腿部拉伸

这一拉伸姿势可以很好地为爆发课程系列训练做准备，也是作为办公室或课间肌肉放松的好方法。

1. 左腿向后弯曲，用左手去抓右脚跟，把脚向上拉向臀部，右腿尽量保持伸直，拉伸髋关节和大腿前侧。收紧腹部以保持平衡。你也可以扶着墙或者椅子做。

2. 换左腿重复。

3. 向前伸出右腿，屈身向前靠近右腿做出延伸的姿势（向身前伸展并绷直，脚尖点地），保持右腿绷直，拉伸腿的后侧。起身然后换腿做。

拉伸并不是一项技术性的动作，所以不要过分执迷于自己的姿态，因为每天你做的事情不一样，身体的松紧程度也不同。要确保你的动作在自身的承受范围内，并且，放松肌肉让自己感觉良好。

以下还有三种拉伸的动作变体可以练习。

坐式腿部后侧肌腱拉伸

我非常喜欢经典腿部后侧肌腱拉伸基础上的这一变式。我会把它加进经典课程系列或者将其作为爆发课程之后的恢复动作。

1. 先坐在垫子上，双腿向前伸直。抬起一条腿，让它尽量靠近你的胸部，膝关节不要弯曲。如果你身体柔韧性足够好，可以将双手放在抬起的那条腿脚面；如果你的肌肉比较紧张，先把手放在其小腿肚上，也可以放在膝关节后面。

2. 在身体条件允许的范围内活动，尽量拉伸腿部后侧以及大腿肌腱，与另一条腿接近成 90 度后，尽可能将胸部靠近抬起的腿。

3. 想要挑战难度更大一点的，可以试试躺在垫子上完成同样的动作。

Center Splits

劈叉

劈叉是一项拉伸大腿内侧非常好的动作，也是一种增强双腿、臀部内侧及后侧肌肉灵活性的有效方法。不必担心一定要让两条腿打开成 180 度。开始的时候慢慢来，最后一定能打开。

1. 先坐在垫子上，双腿向两侧分开，保持膝关节伸直。

2. 手放在双腿之间，将臀部向前推，同时双腿继续向两边打开。

3. 保持上身挺直，腹部收紧。当你的双腿已经开到最大的时候，你可以将臀部向前摇动，让大腿得到更好拉伸。

坐式髋关节拉伸

这是个柔和的髋关节拉伸动作，在经典课程和坐式练习中你都能用上它。这是我最爱的热身动作和恢复动作，因为它很轻缓却十分有效。

1. 先坐在垫子上。右腿屈膝，使其靠近左臀；抬左腿，将左腿绕过右腿，右脚放在地上保持不动，脚尖点地。

2. 保持上身直立，腹部收紧。

3. 用右手拉左膝向胸部靠近，让髋关节和腿后部的拉伸强度更大。

4. 这一拉伸动作的进阶版：抬起左脚至半空并屈膝，做出向前的鹤立式的动作。

5. 双手抱住左腿，左膝靠近胸部，保持平衡。

6. 换另一侧重复做。

美丽芭蕾的正确姿势

完美的芭蕾技巧从最基础的动作开始，想要通过美丽芭蕾课程获得了不起的成果也是一样：正确的姿势就是一切！ 当你做动作的时候，非常重要的是要让身体保持在合适的水准上。如果你的动作变形了，效果可能会适得其反，所以我们要先花点时间找到正确的姿势。我们先从一个非常有用的休息式动作开始，无论你在开车、办公或者在超市排队，都可以完成，它也能提醒你别忘了练习美丽芭蕾课程。

最理想的休息姿势是有力量且具有提拉效果的：身体挺直，下巴微抬，脖颈放松，肩膀自然垂下。这个姿势是做好其他姿势的基础，也是实现美丽芭蕾体形的关键所在。无论是坐还是站，你的姿态都应该像女王一般挺拔，这也能让你充满自信，还能够激发他人的信心。并非只有运动时才需要良好的姿态，下一次开会或者面谈的时候试一试这种方式，看看你会有什么感觉。在我挺直身体，不管是站立或者坐着的时候，我总会感觉自己更加自信和强大。（参考第 74 页随时随地都可以做的姿态自检）

我们在生活中往往承受着惊人的压力，让自己疲于奔命。我们肩膀上挎着沉甸甸的包，背上背着沉重的双肩背包，胸前抱着孩子，这都会损害我们下背部肌肉甚至使之运转失常。所以，我们所有人都需要意识到正确姿态的重要性。你每天花多少时间坐在电脑桌前，或者弓着背把着方向盘？坐着的时间越长，你的体态便会越松垮，你的核心肌群力量也会被削弱，并且严重损伤背部。

一想到这些我就坐立不安起来。在我们继续练习之前，我要站起来然后快速地拉伸和走动一下，将我自己的建议付诸行动，以身作则快速重新找到优雅的姿态。跟我一起做：

站起来，越挺拔、笔直，越好，拉伸你的脊柱。

用力收腹，拉伸臀部和大腿前侧，然后到膝关节。

这几个动作可以让你感受到身体的柔韧性增强，能更好地伸展，也让你体力充沛。还有一个类似提拉动作：核心部位和手臂上提，让肩膀沉下去，脖子往上提。

完美的姿势

挺拔的姿态和优雅的举止是芭蕾舞者的标志。他们每日数小时在表演中做出高难度的动作，同时保持完美挺立的姿态，这会让核心部位以及上半身其他肌肉都得到强化，有利于绝佳体态的养成。美丽芭蕾课程也效仿了这一过程，帮助你增强肌肉力量，让你在家就能练出并保持完美的芭蕾姿态。它也是美丽芭蕾其他动作的基础，接下来会具体讲解。

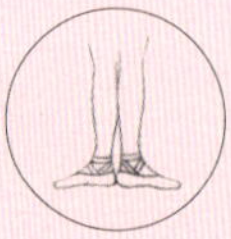

关于柔韧性

许多人尤其是那些说自己的身体不灵活的人相信有的人生来就能弯曲扭转自如，而其他人就没这个能力。当真如此？某种程度上是的。我们每个人身体的柔韧性都不同，所以毫无疑问有一些人特别灵活。我碰巧就是那种关节特别容易打开的人，从某种程度上来说，也的确拥有为芭蕾而生的体格。然而你也可以用同样的方式来塑造你大腿内侧的肌肉，也可以增强柔韧性。此外，无论你的目标是俯身抓住自己的脚趾，还是做出完美的劈叉，我都会帮助你达成所愿，而柔韧性的提升会改变你的身体对运动的感觉。

运动场地和装备

我建议你为练习美丽芭蕾运动选择一个清净的地方。每个人选择的地方可能都不相同，重要的是找到一个能让你专注的地方。

你唯一需要的装备是一块垫子，如果你在外旅行，可以是一条毛巾。仅此而已。无须固定在墙上的把杆、芭蕾舞鞋、舞蹈室或者举重器材。你也可以在家里做，或者旅行时在酒店房间里做。我的一些客户在忙碌的日子里甚至会在办公室里做。如果你已经是健身房的会员，可以在那里找一个空角落放上垫子或毛巾，然后做一次快速版的美丽芭蕾练习。当有人看到你在拉伸或者做一组芭蕾屈膝深蹲动作时，问你是不是芭蕾舞演员，不要过于惊讶哦。

一些客户问我需不需要准备一面镜子。这完全看个人喜好。我在纽约芭蕾舞团的时候，镜子在我的生活中起了非常重要的作用，但我很高兴现在用不着它了。那时候，我早上会先喝一杯咖啡，然后在我的梳妆桌前对着镜子缝补芭蕾舞鞋，上课和排练时几乎一整天都对着镜子。我也会对着镜子吃饭或者把脚放在梳妆桌上休息，休息室也摆满了镜子，这让我不得不几乎时刻面对镜子里自己的形象。唯一能逃过它的便是晚上上台演出的时候，此时面前是黑压压的一大片观众。这就是我现在不用镜子的原因——能够更专注于自我的感受而非形象。

运动服

多年以来，我在跳舞和运动时都喜欢穿芭蕾连体衣，它让我觉得舒适和轻松。我喜欢穿芭蕾舞鞋，因为这让我觉得自己优雅而美丽，它也能为我在垫子上活动提

姿态自测

如果每天不时地检查一下自己的姿态，你就可以更好地改进它。当你觉得自己弯腰、驼背、身体僵硬的时候，停下来伸直你的脊柱。这种做法可以改善你身体的感觉，让头脑更清晰。

一天中随时做这些动作：

1. 挺胸收腹。
2. 深呼吸，想象你头上顶着几本书。
3. 将手臂伸向身体的两侧，呈二位，拉伸身体。脖子伸长，腹部收紧。
4. 想象有人在轻轻地触碰你的两侧肩胛骨之间的位置，挺胸，不要驼着背。
5. 腹部保持收紧状态。
6. 双手自然下垂，但不要放松下腹部或者脊柱拉伸的状态。

这就是美丽芭蕾姿势的速成法！

供更好的抓力，或者在做站立爆发运动时让我更容易滑动双脚。这种服装可以令人进入一种特别的情绪，但不穿这种衣服也可以。美丽芭蕾是一项十分灵活的课程，对服装的要求也是一样，你可以想穿什么就穿什么，只要方便活动并让你自己充满信心就行。尽管如此，我还是推荐穿紧身裤，它能让你注意自己腿部的线条，这样你就可以知道自己的膝关节是否真的弯曲或者挺直，从而调整或保持良好的姿势了。

补充水分

我建议你在整个练习过程中要不断小口喝水。我们都听说过要保持身体水分充足，每天要喝 8 杯水。这个建议我们听得太多了，以至于许多人忘了为什么水分摄入对我们的健康是如此重要，尤其是在运动的时候。

水分充足能让肌肉放松而不至于过度紧张，也能让你健身的时候气息更顺畅。水分充足还有其他作用，包括促进新陈代谢，带走有毒物质，并让你的体温保持稳定。

运动过程中你的身体会丢失一部分水分，所以运动强度越大，你就越需要多喝水。更健康的饮水方式是在运动的过程中随时补充水分，而不是等到剧烈运动后身体已经极度缺水的时候再喝。对你而言，这一点可能是常识，但对我来说却不是，所以我想花点时间来谈一谈。

我加入纽约芭蕾舞团的时候才 16 岁，没人给我关于照顾自己身体的建议。我没有养成多喝水的习惯，因为我在夏洛特市跳芭蕾的时候就没有这样做。当我突然发现自己每周要跳上 70 个小时的时候，我也不知道我的身体到底需要多少水。曾经有一段时间，我遭遇了糟糕的眩晕经历，而我对病因一无所知。直到现在，我还清楚地记得当时常常会有一种身体被耗尽的感觉，那时候我以为是饮食的问题，可能是蛋白质、碳水化合物或者蔬菜摄入不足……

某个星期六，我早上上课，下午又一连跳了三支芭蕾舞，之后我感觉非常糟糕。当我无意中提到当天我只喝了一杯咖啡时，更衣室里一位年长一点的女孩告诉我，可能这是极度缺水引起的，我应该立即补充水分，于是我喝了一大瓶水。从那天开始，我便将规律饮水列入自己的日程。当我做出这一简单的改变时，我简直难以描述我后来感觉好了多少；眩晕的症状缓解了，我突然变得精力大增。这段经历让我永远难忘。我发现保持身体水分充足的最好方法便是带一瓶水在身边。你不必专门花钱去购买进口矿泉水，但你可以买一套净水系统，这样你就可以在家里把水杯灌满，然后一整天都能喝。

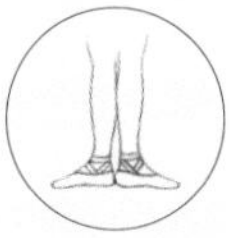

美丽芭蕾饮水法

身体保持充足的水分的好处不胜枚举，以下是我最喜欢的几点：

1. 有利于控制食欲和减重，因为有时候我们是渴了而不是饿了！

2. 保持皮肤湿润。

3. 帮助消化。

4. 缓解眩晕。

如果你不喜欢白开水的味道，可以加点新鲜水果或者柠檬切片。试着开始关注你身体感觉的变化。当你的感觉变好后，就不会觉得喝水是一件“无聊透顶”的事情。请记住，当你口渴的时候，身体早已经缺水了，所以一定要随身带着水，然后大口喝！

美丽芭蕾的准则

在我们正式开始之前，先看看美丽芭蕾的准则：

1. 训练核心肌群

芭蕾舞者都具有超强的核心肌群力量，因为他们会不停地收紧腹部肌肉并用这一部位肌肉发力。这些动作可以让最简单的迈步、健身甚至是休息的动作都变成极好的腹部运动。训练核心肌群主要指的是收紧你的下腹部，即髋骨以上肚脐以下的位置。当你大笑或因为惊讶而倒吸一口气的时候，会触动这个地方。

Swan

2. 像天鹅一样思考

培养优雅姿态最关键的是保持你的脖颈伸长并让双肩下垂。有的时候，因为挺胸或者让双肩回拉，肩部肌肉会变得紧张。为了避免这样，你可以挺胸，同时保持脖颈优雅地伸长，就像一只天鹅那样，然后轻柔地将两侧肩膀垂下，此时胸部和下腹部会被往上提。

3. 在你的身体承受范围之内运动

最容易伤到关节的做法就是做超出你身体承受范围的动作。随时关注你自己膝关节和髋关节的活动范围，并确保当你做站式屈膝的时候，你的膝关节与脚尖上下垂直相对。我的身体柔韧性非常好，所以你的姿势可能没有我打得开，但这是正常的。 注意保护膝关节，身体能承受到哪种程度就做到哪种程度，然后把动作放缓。

4. 拉伸膝关节，塑造完美腿形

在运动中做拉伸时，要学会做好提拉的动作并保持动力腿的完全绷直，这样可以极大改善腿部的线条，让你的身姿更显年轻。在垫子上做双腿伸直的动作时，比如大腿内侧拉伸系列，一定要让膝关节绷直（但不要锁死），然后再去做拉伸腿部的动作。站立动作也一样，弯曲和拉伸膝关节的时候要非常小心。这样不仅能够帮你塑造出优美的腿形，让双腿更紧实，也可以强化关节力量，保护它免受伤害。

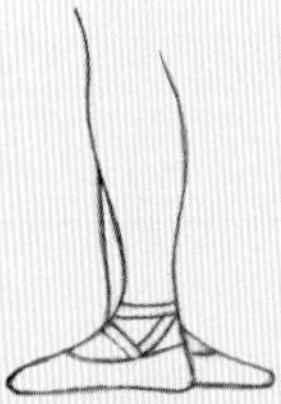

在课程开始前，最后的忠告是：练习前确保自己熟悉动作的流程和节奏。你可以在开始练习前先记下各个步骤，或先比画比画每个动作的做法。舞蹈演员们在学新舞蹈的时候都是这么干的——首先记下动作。这就好像用你的身体和肌肉“打草稿”或者“做笔记”，也是熟悉新的动作的好办法。尝试一个新的动作时，一开始可能显得很笨拙，但相信我，你很快就会熟能生巧的。

BALLET BEAUTIFUL

第五章

60 分钟美丽芭蕾经典课

本章对美丽芭蕾经典课程进行了重点讲解。美丽芭蕾经典课是一套针对上半身（尤其是小腹、胳膊）、腿部和臀部的全面训练课程，也是了解美丽芭蕾针对各个部位的训练的最好方式。这套全身运动主要通过垫子和阻力训练练习，可行性强，无论是初学者，还是进阶者或者专家，都适用。通过有针对性地强化“芭蕾肌”，练习者都能从中获益，改善身体的线条。我在纽约芭蕾舞团的时候，就是利用其中一些动作来保持专注和强健。

接下来的内容是对这套经典课程的简单介绍，在5分钟舒缓的拉伸之后，你可以对以下5大身体部位做针对性训练了。

1．腿部和臀部后侧。我喜欢臀桥系列带给我的腿部和臀部肌肉的感觉——真是棒极了！反式臀桥练习对臀部、腿部塑形也有很好的效果，也非常有利于强化核心肌群。

2．下腹部：准备好美化和强化你的腹部尤其是下腹吧！

3．大腿内侧：美丽芭蕾经典课的动作针对的是大腿内侧难以触及的区域，这一区域对塑造芭蕾式美腿非常重要。

4．大腿外侧：美丽芭蕾经典课的动作专为臀部和大腿外侧的很难训练到的部位设计，有助于拉长腿部线条，去除赘肉。

5．手臂：美丽芭蕾经典课的站式动作属于低强度的心肺功能训练，有助于塑造纤细匀称且柔美而充满女人味的手臂线条，同时让身形修长而紧致。这也是练习屈膝动作一个有意思的方式。

这些经典动作让我的体态得到继续美化，体能持续增强，也让我对舞蹈的热爱得以持续！因为我们并不使用任何负重器材和装备，所以我们的肌肉线条会变得利落纤长，绝不至于看起来雄壮威武。虽然你可能需要比平时重复多做几遍，但一定是值得的！

在美丽芭蕾经典课中，针对不同的部位，你将做 4 组动作，每组 8 次。首先从右侧开始，完成一些动作后，换到左边做。在运动间歇也会做一些拉伸动作，千万别跳过去！随时拉伸是非常重要的，可以将每次运动的效果发挥到最大。你也要记住，拉伸运动是可以调整的。如果你是一个新手，刚开始练习时，你可能需要在运动过程中做更多拉伸，减少每组动作重复的次数。如果你是进阶练习者，希望做一些更具挑战性的练习，可以将拉伸放到每部分的最后来做。

运动中，我也加入了一些备选项（用★标出）。根据自己的需要，你可以选择难度大或者难度小的动作。注意留心，以“/B.”开头的是为入门者设计的调整版，“/A.”开头的是进阶版。这些标志代表着美丽芭蕾的各种原则。

在坐式运动结束后，我们会进入站式系列。后者能很快达到心肺冲击效果，是绝佳的上半身运动。

所有这些组成了一套覆盖全身各个部位的运动，既能让身形玲珑而修长，又能强化体格，让人获得心灵的满足。有针对性地坚持练习，成效将近在眼前。准备好迎接不可思议的转变，收获全新的美丽芭蕾体形吧！

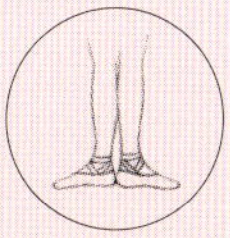

凯瑟琳谈身体的转变

几乎从一开始练美丽芭蕾，我就注意到了身体的改变，有些地方感觉不一样了。我的臀部肌肉变得紧实，而且在两周以后，我就感觉到了一些我此前从不知道它们存在的肌肉。我发生了由内而外彻底的改变，我感到骄傲极了。

牢记美丽芭蕾准则

1. 腹部向脊柱收紧，核心肌群用力。
2. 脖颈保持优雅的伸长姿态，像一只天鹅一样。
3. 在能力范围之内活动，避免伤及膝关节。
4. 拉伸膝关节，塑造纤长紧实的肌肉。

每次运动时，在整个过程中你都要不停地喝水，无论是练经典课，还是爆发课。为了保证你的身体不缺水，记得随身携带水杯。

关于运动强度的调整

记住：这一课程并非为专业舞者设计。任何人，如果她想要在家舒服地练就一副兼具力与美的体形，都可以做这套运动。无论你是否有经验，当前的运动状态如何，是否跳过舞，都能从美丽芭蕾课程中获益。在大多数情况下，我会给出几种不同的难度供选择，让它可以变得更简单，也可以更富有挑战性。做的时候记得留意不同难度的符号。

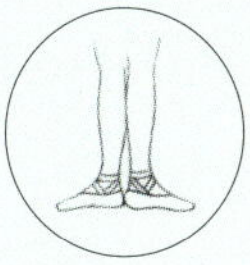

简单拉伸（5 分钟）

美丽芭蕾的每一次运动都以简单拉伸开始，用意是打开以及放松你背部、臀部和双腿的肌肉。根据你的闲暇时间和你身体的紧张程度，每个动作可以保持 10 到 90 秒钟不等。（见第 64~70 页）

经典腿部后侧肌腱拉伸

1. 坐在地板上或垫子上，双腿放在身前。屈左膝靠拢右臀，右腿向前伸出。

2. 上半身向右脚靠，保持膝关节伸直。双手去抓右脚，腿部后侧肌腱和膝关节开始打开。

3. 不必担心你的右臀是否接触地面，或者它离地面还有多高。每个人的髋关节条件都不一样。慢慢地，你的髋关节会松弛下来，打开得更大。

4. 换另一侧重复。

Hip Opener

髋关节拉伸

1. 首先坐在垫子上，双腿前伸。

2. 屈左膝使左脚靠近右臀。右腿向身后伸直。可以用手臂作支撑或提起身体。

3. 坐起身来，挺胸收腹。

4. 缓缓地将上半身转向弯曲的膝关节一侧，拉伸脊柱。你的臀部可能会离开地面，没有关系，练得越多，你身体的活动范围和灵活度都会增大。

5. 换另一侧重复做。

美丽芭蕾臀桥系列：腿部后侧和臀部（15~20 分钟）

我的老客户很喜欢这个系列，因为她们知道这些动作的效果有多好。以下的这组动作绝佳地融合了我最爱的臀桥动作，有助于塑造臀部、腿部、小腹和大腿内侧肌肉，并使之变得紧致。

预备姿势：我总是在垫子上开始我的练习，如同表演前的热身一样。躺在垫子上，弯曲膝关节，让它和髋关节成 90 度。将你的肩部和上背部紧贴垫子，用力收紧腹部。双臂可以放在身体两侧的垫子上，也可以垫在头下。双脚并拢放在垫子上，膝关节并在一起，大腿内侧发力。抬高臀部，将髋关节向上推，同时保持腹部收紧，注意不要弓背。用适宜的速度做这套动作，每个动作做 4 组，每组 8 次，运动时长约为 15 到 20 分钟。

美丽芭蕾经典臀桥

1. 预备姿势完成以后，双脚平放在垫子上（或者做脚尖半踮立的进阶动作）。

2. 提起髋关节。

3. 放低背部，但不要让臀部碰到垫子。以上动作做 4 组，每组 8 次。

4. 确保腹部发力以减少下背部和脊柱的压力，抬高并挤压臀部，保持膝关节并拢，大腿内侧肌肉发力。同时，上半身保持放松，自然呼吸。

5.最后一组的最后一次动作时保持高举的姿势。

6. 在保持以上姿势的时候挤压髋关节和大腿内侧的肌肉，收紧腹部，然后发力再举高一点。保持双膝并拢，大腿内侧用力（这是个高难度动作）。你会感觉到臀部、腿部内侧及背部的肌肉在发力，以及脂肪在燃烧。以上动作做 4 组，每组做 8 次。

★如果想要更具挑战性，可以试试脚尖半踮立做这个动作（如右图）：双脚在地面弓起来，稳住脚踝。这个动作强度更大。做完这个你可以直接做下一个动作，不必停下来拉伸。

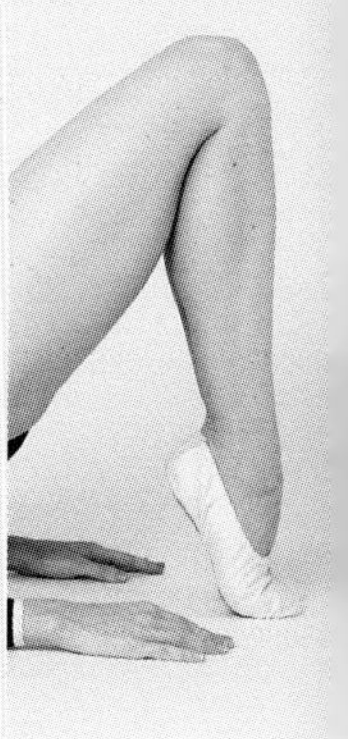

拉伸：★ /B. 双脚平放，初学者可以在运动间歇多做点拉伸。可以用经典腿部后侧肌腱拉伸动作拉伸你的背部，或者坐下来，做一次坐式髋关节拉伸练习，放松臀腿后侧肌肉。这个拉伸动作应该快速而轻柔地完成，切记不要耽误太多时间，目的是放松肌肉，为下面的运动做准备。

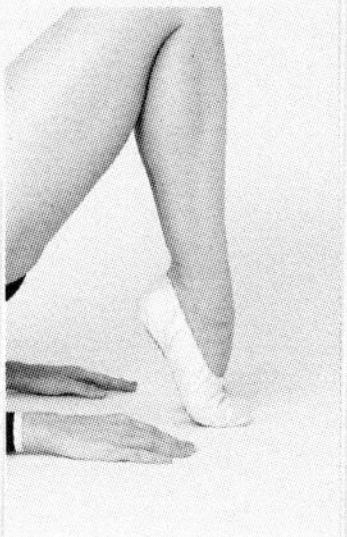

蝶式

1. 回到臀桥式的预备姿势，抬高髋关节，双膝并拢，双脚平放或脚尖半踮立。

2. 保持臀部抬高，像蝴蝶扇动翅膀一样均衡开闭你的双膝，并拢膝关节时会有挤压感。下腹部均衡用力可以避免弄伤背部。做 4 组，每组 8 次。

★ /B. 初学者可以在这时拉伸一下。/A. 进阶者可以直接跳到下一组动作。也就是说，假如你想要增加点挑战，那么不要停下来；如果你感觉身体僵硬或疲劳，此时你需要休息一下，那么先做一个 5 分钟的快速拉伸。

★ /A. 以脚尖半踮立做这组动作。

收紧腹部，感受下腹部的发力，肩膀放松，双臂平放在垫子上，自然呼吸。

现在开始下一组经典臀桥练习：

1. 回到预备姿势。

2. 臀部放低，再抬高，保持腹部收紧。做 4 组，每组 8 次。

拉伸：重复经典腿部后侧肌腱拉伸和坐式髋关节拉伸，两侧都做。或者尝试腿部后侧肌腱和坐式髋关节拉伸进阶版。

单腿臀桥

1. 做好经典臀桥姿势，即双膝并拢，臀部抬高，双脚平放或脚尖半踮立。

2. 一条腿离开垫子，伸直，与垫子成 90 度，然后放低至 45 度，双膝平行。★伸出去的腿同髋关节成 90 度。

3. 收紧腹部，放低臀部，但不碰到垫子。在髋关节上下运动的时候保持腿部伸直且稳定。如果你感觉到背部受力，收紧下腹部以维持背部稳定。做 4 组，每组 8 次。最后一次时保持一会儿。

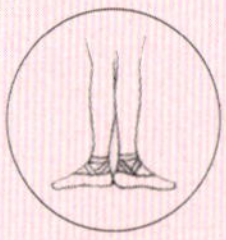

垫子上运动的建议

做臀桥运动时下压臀部，但不使其贴到垫子上。臀部上下活动时，保持腹部收紧平直，肩部放松，双腿夹紧，自然呼吸。

单腿律动臀桥

1. 收紧腹部，臀部在最高点时继续往上抬；右腿离开垫子，抬高至与地面成 90 度（★ /A. 放低到 45 度）。

2. 当你以同样的姿势上下移动时，挤压髋关节，收紧腹部。这能运动到你大腿内侧和臀部的肌肉。

3. 自然呼吸，你会觉得支撑腿有强烈的发力感。以上动作做 4 组，每组 8 次。

★如果想要挑战一下自己，可以这样做：脚尖半踮立做这个动作，或者动力腿与地面成 45 度角（90 度会更舒缓）。

拉伸：做经典腿部后侧肌腱和坐式髋关节拉伸，换腿重复之前的动作。还有一种方法，先躺在垫子上做经典腿部后侧肌腱拉伸，再做坐式髋关节拉伸。

臀桥高踢腿

★ /A. 这组动作可供进阶者选做。

1. 首先做出经典单腿臀桥姿势：双脚并拢，膝关节并拢，腹部收紧，臀部抬高。

2. 把右腿伸向空中，臀部放低，屈右膝。

3. 再次把右腿伸出至与地面成 90 度，就像康康舞中的高踢腿那样。

（★ /A. 放低动力腿，使其靠近支撑腿，与地面呈 45 度，双膝并拢。这一角度对髋关节和支撑腿更具挑战性。）

4. 再次放低臀部，弯曲右膝，提起。重复做。

5. 做 4 组，每组 8 次。做最后一组的时候，每个动作维持 10 秒，再让身体松弛下来。换腿重复这个动作。

★ /A. 自选动作：进阶版的做法是放低动力腿使其靠近垫子，保持臀部抬高，收紧下腹部。这个动作做 2 组，每组 8 次，可以让你的水平跳到下一级哦！

★ /B. 初学者可以先做 2 组，每组 8 次。

拉伸：经典腿部后侧肌腱拉伸和坐式髋关节拉伸。

延伸式臀桥

这组动作针对腿部后侧及小腿肌腱、臀部及下腹部。这是我最喜欢的让腿部后侧肌肉变紧实的方法，能为短裤和比基尼季节的到来做准备。

预备姿势：这个动作和经典臀桥类似，但双脚在垫子上向前伸，远离臀部。

1. 先平躺在垫子上，将膝关节和双脚并拢，如同经典臀桥姿势一样。

2. 双脚前伸，与膝关节成 45 度。

3. 收紧腹部，抬起臀部，将髋关节向上推，避免压迫脊柱。可以把双脚平放在地板上或者脚尖半踮立。做 4 组，每组 8 次。最后一次时保持不动。

4. 需要记住的几件事情：腹部必须保持收紧状态，以减少下背部和脊柱的压力。臀部上抬时，并拢膝关节，感受大腿内侧和外侧肌肉用力。当臀部上下运动时，不要碰到垫子。保持上半身放松，别忘了自然呼吸！

5. 最后一次（第 4 组第 8 次）时，在最高点保持一会儿。臀部抬得越高，你的灵活性就会越强。挤压大腿内侧和臀部肌肉，收紧腹部。

6. 发力将臀部抬得再高一些。做 4 组，每组 8 次。最后一次时保持一会儿。

★ /B. 初学者可以在这里休息一下！

蝶式延伸臀桥

回到延伸式臀桥预备姿势，抬高髋关节，并拢双膝，双脚平放或脚尖半踮立。膝关节开合的时候保持髋关节抬高。膝关节闭合的时候大腿内侧用力。保持髋关节稳定，腹部收紧。做 4 组，每组 8 次。

拉伸: 经典腿部后侧肌腱拉伸及髋关节拉伸，两侧都要做。

单腿延伸式臀桥

1. 做出延伸式臀桥开始的姿势，将臀部抬高，双脚并在一起，双腿在垫子上向前伸出。

★ /B. 初学者双脚平放，/A. 进阶练习者脚尖半踮立。

2. 将一条腿伸直抬到空中（★ /B. 初学者将腿与地面成 90 度，进阶者双膝并拢与地面成 45 度）。

3. 当你一条腿伸向空中的时候，放低臀部，但不要碰到垫子上。再次将臀部抬高。腹部收紧，上半身放松。臀部上下活动时不要弓背。做 4 组，每组 8 次。换另一侧重复。

拉伸：经典腿部后侧肌腱拉伸、髋关节拉伸，以及带手位的上半身拉伸。

反式臀桥系列：腿部、下腹部和臀部（10分钟）

在这个部分，会继续加强腿部、下腹部和臀部的训练，但是这些动作会趴着做而不是躺着做。如果地面太坚硬，你可能需要用毛巾或者垫子垫一下。

预备姿势：做完单腿延伸式臀桥练习并让手臂和腿部肌肉得以放松之后（通过坐式拉伸），你就可以开始做反式臀桥了。

1. 趴在垫子上，双臂放在身体两侧，腿伸直。

2. 收紧腹部，让下腹部发力，挺胸，双臂放在胸前做出一位手。

3. 屈膝，并拢脚跟。

4. 脖子伸长，眼睛向下看，慢慢地抬起背部，用臀部、腿部和腹部的肌肉将双膝提起，使其离开垫子，做出反式臀桥。

反式臀桥

1. 当你将大腿根部抬离垫子时，双膝微开，呈鹤立式。保持腹部收紧，核心肌群用力。

2. 将双腿放回垫子上，脚尖并拢，双腿仍然做鹤立式。上身保持放松。

3. 下腹部再次收紧，抬起双腿离开垫子。此时你会强烈地感受到臀部和大腿内侧发力。做 2 组，每组 8 次。

★ /A. 进阶版：做 4 组，每组 8 次，然后直接做下一组练习。

拉伸：经典腿部后侧肌腱拉伸。

反式臀桥上提

1. 从反式臀桥预备姿势回到反式臀桥姿势，双腿悬空。

2. 收紧腹部，挤压臀部和腿部后侧。

3. 把双腿稍微再抬高一点，然后再放低至预备姿势，双腿在半空。这一轻微上提的动作可以运动到背部、双腿内侧及臀部肌肉。做 2 组，每组 8 次。

★ /A. 进阶动作：做 4 组，每组 8 次。记住保持腹部收紧和用力。

拉伸：经典腿部后侧肌腱拉伸和带手位的上半身拉伸。

单腿反式臀桥

1. 双腿在垫子上伸直，屈左膝至鹤立式，手臂在垫子上做出一位手。

2. 收紧腹部，左膝上提离开垫子。右膝保持在垫子上伸直，核心肌群用力。

3. 将左腿在空中举得更高一些呈鹤立式，收紧腹部。

4. 微微放低动力腿，然后再抬起，臀部和大腿内侧用力。做 4 组，每组 8 次。

单腿反式臀桥上提

1. 做单腿反式臀桥预备姿势，然后一条腿向后屈膝呈鹤立式，膝关节稍稍离开地面。

2. 双臂绕回身体前方呈一位；腹部收紧并发力。

3. 将动力腿抬起至空中依旧呈鹤立式，然后发力抬得更高一点。做 4 组，每组 8 次。

如果这时候你需要休息一下，可以做上半身拉伸和腿部后侧肌腱拉伸，并喝点水。（★如果你感觉良好，可以直接进入迎风展翅式动作）。

迎风展翅式反式臀桥

1. 预备姿势和单腿反式臀桥以及单腿反式臀桥上提相同。首先做单腿反式臀桥。提左脚回拉至鹤立式，收紧腹部。伸直动力腿，向后伸展呈迎风展翅式。

2. 将动力腿的膝关节收回，屈膝，呈鹤立式，然后再伸直膝关节，回到迎风展翅式。

3. 记得保持上半身放松，脖子伸长，腹部收紧。每次做迎风展翅式的时候都要让膝关节得到完全的拉伸。做 2 组，每组 8 次。

★ /A. 进阶版：做 4 组，每组 8 次，记得保持腹部收紧用力。

迎风展翅式反式臀桥上提

1. 回到迎风展翅式反式臀桥姿势，收紧腹部，动力腿抬到空中，伸展至迎风展翅式。

2. 将腿放低一点，然后再把它抬高，呈迎风展翅式，最后回到垫子上。做4组，每组8次。

拉伸：经典腿部后侧肌腱拉伸和带手位的上半身拉伸。换另一条腿重复上述5个反式臀桥动作。

腹部（10 分钟）

在这一部分，我们会针对腹部，尤其是下腹部进行训练。下腹部是核心肌群的一部分，非常难触及，这也是我要专门训练这里的原因。找到髋骨和肚脐之间的地方，这里就是你的下腹部，收紧它。

以下是训练下腹部肌肉的经典预备姿势。

预备姿势：坐在地上，双腿前伸。将腹部向脊柱的方向收紧，上半身往后倾，下腹部用力，双膝稍弯。双臂在身前呈一位手。确保做这一动作时有垫子或毛巾垫着。记住腹部收紧用力的原则，当你在做这些腹部运动时，腹部收紧非常重要，这样你才能打造一个平坦紧致的小腹。

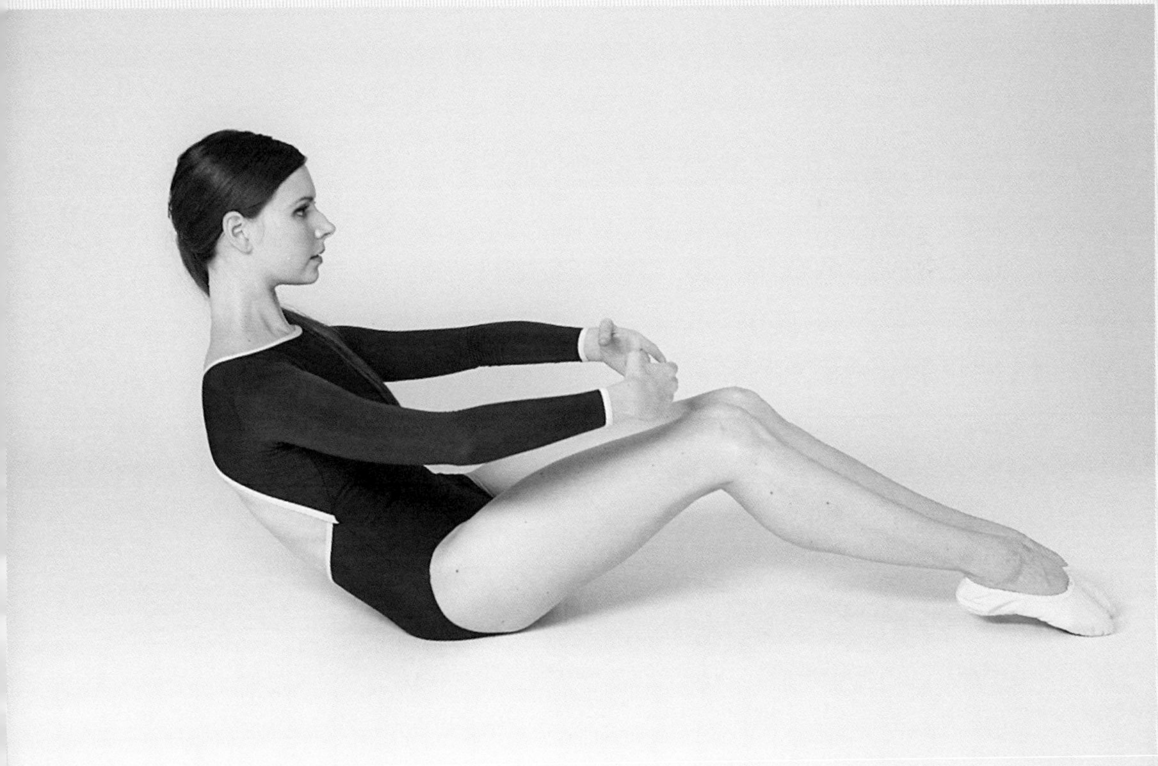

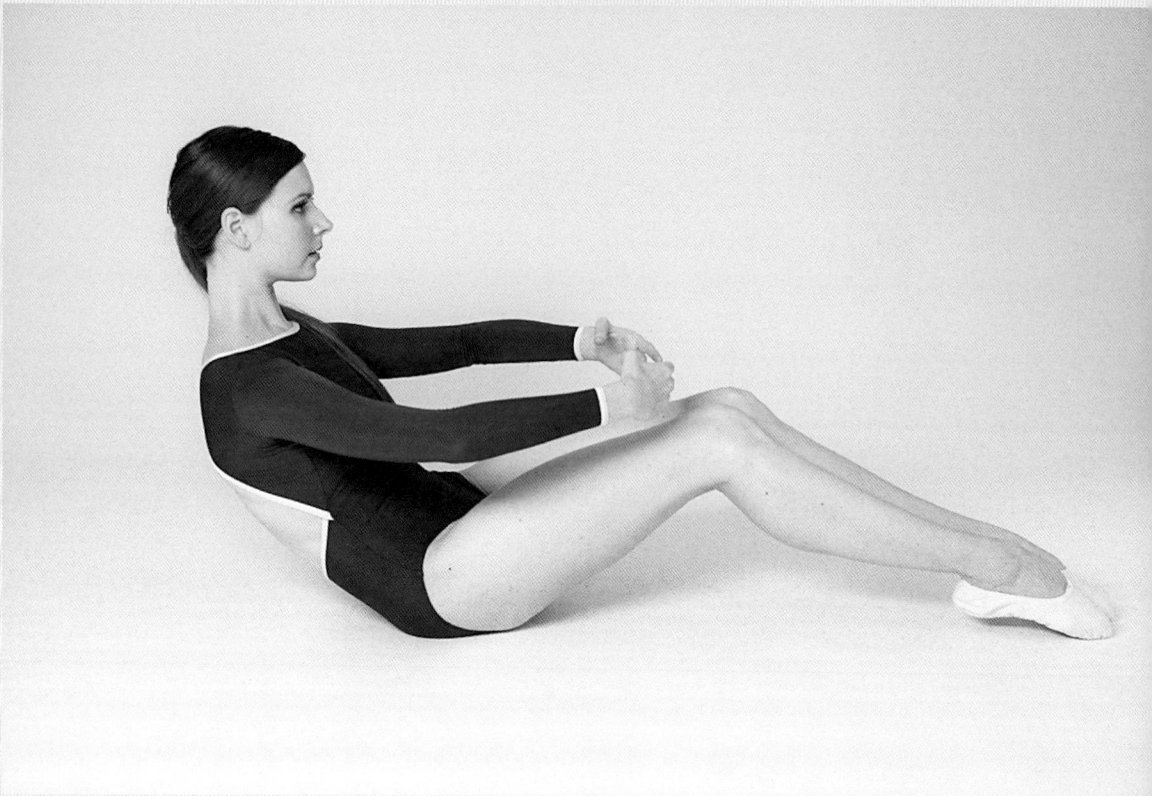

美丽芭蕾经典腹部动作

虽然这个动作的运动幅度很小，但对下腹部肌肉的训练力度却很大。当你逐渐从这一运动中增强了力量，你的柔韧性也会相应增强。

1. 从预备姿势开始，半身慢慢后倾感觉腹部开始绷紧用力时就停住。后倾约 30 度，下腹部收紧用力。

2. 继续慢慢后倾，再抬起，同时收紧腹部，确保上半身不要抬得太高。保持头部和手臂上提、整个上半身放松的状态，这样就不会扭到脖子。做 3 组，每组 8 次。在最后一次的时候保持一下。

★如果你刚开始练习，觉得下背部有点疼痛，可以先做一组 10 次，休息一下，接着再做 10 次。当腹部肌肉感觉疲惫使不上劲的时候，有时会用下背部肌肉发力，这时候，停下来做拉伸，然后再重新开始。一开始不用做太多组，等力量逐步增强后再完成所有 3 组。

Classic Pulse

经典腹部发力动作

正如美丽芭蕾经典腹部动作一样，这个动作的幅度也很小，但效果很好。

1. 上半身微微后倾，大概与地面成 30 度，手臂围在身前呈一位手，收紧腹部。

2. 保持脊柱的伸展，下巴微微低下，同时打开手臂呈二位手，发力使上半身继续后倾，接近地板，收紧下腹部。肩膀放平，不要耸肩，感受身体的上提和下腹部的紧张感。做 3 组，每组 8 次。

★ /B. 如果你是初学者，把手臂放在膝关节背后，或者把它们放在身后休息，这样你就能专注于收紧腹部的动作。如果你觉得下腹部力量不支，或者下背部疼痛，做的时候把动作放缓。一开始可以只做 10 次，随时拉伸。随着你核心肌群力量增强，再把量加上去——永远别忘了注意自己身体的承受范围。

★ /A . 进阶版：始终以二位手做。

坐式下腹部伸展

1. 首先坐在垫子上。双腿交叉成一个舒服的姿势。

2. 双手放在膝关节上，不要弓背，收紧腹部。

3. 上半身挺直，双臂呈五位（双手靠在一起，双臂在头顶弯曲）。

4. 重复手位拉伸，一条手臂放低至四位手的低位，另一手臂举过头顶呈四位手的高位，上半身往低位手臂一侧弯。

5. 换另一侧重复。

芭蕾转体

我很喜欢这个动作，它能让我的下腹部迅速运动起来。这是我在上芭蕾课或者排练之前最爱的热身运动。这个动作针对的是侧腹肌、腰部肌肉以及腹部中心的肌肉。

1. 从美丽芭蕾经典腹部动作开始，膝关节稍弯，手臂做一位手，腹部收紧。双腿往前伸。

★ /B. 初学者可以继续弯曲膝关节，跟美丽芭蕾经典腹部动作一样。

2. 往后倾大概 30 度，转动你的上半身，腹部收紧，将下腹部收进去。

3. 从右边转向左边，在转身的同时腹部不要放松，停一个节拍，有一种节奏感：转身时将速度减慢一点，每侧保持几秒，能真正地让腹部紧张起来，令这个动作更加富有挑战性，成效也更显著。

4. 手臂继续保持一位，核心肌群用力收紧。放低和转身的时候记住收紧腹部。做 4 组，每组 8 次。

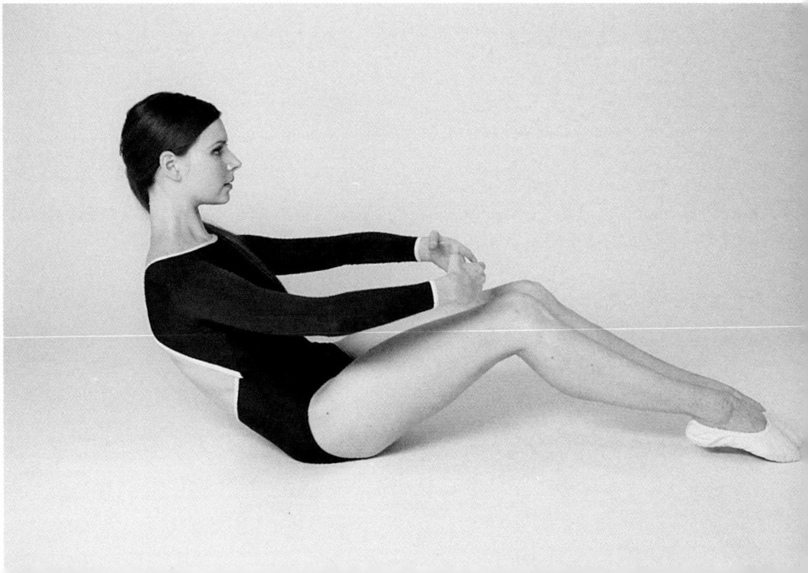

单腿抬升的下腹部练习

1. 坐在垫子上向前伸直双腿。

2. 身体后倾，收紧腹部，手臂呈一位。

3. 一条腿抬起，与地面约成 10 到 20 度。

4. 提起的那条腿保持不动，继续后倾，腹部收紧，再回到预备姿势。注意你要训练的是腹部,所以发力的部位是你的腹部,而不是腿。你的腿应该保持稳定。做 4 组，每组 8 次。换另一侧重复做。

★如果你的下背部或臀屈肌力量比较弱，你可以把腿放在地上，如预备动作。这个动作对腹部很有效!

拉伸：坐起来，来一次坐式下腹部伸展，释放腹部的紧张感，同时放松上半身。

单腿抬升加转体

这个动作是转体和单腿抬升的结合。

1. 重复单腿抬升的动作，但当你放下腿的同时上半身转体到腿部抬起的那一侧，收紧两侧肌肉和腹部，然后转回来。

2. 确保做此动作时腹部收紧用力，上半身放松。做 2 组，每组 8 次。换一侧重复做。

★你也可以把动力腿放在地上。

拉伸：坐起来，做坐式下腹部伸展，释放肋骨的压力，放松上半身肌肉。

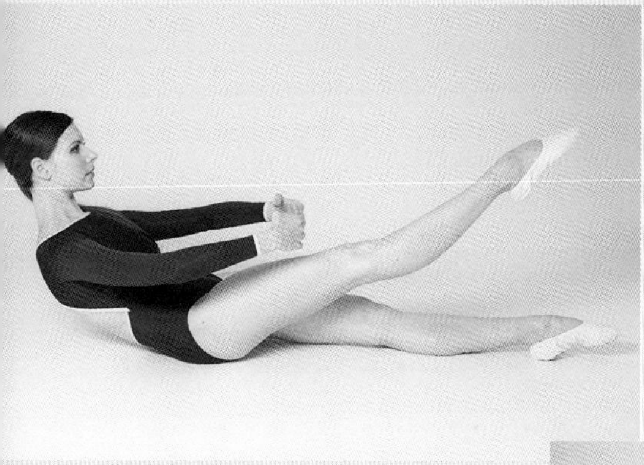

One Leg

单腿抬升转体并保持

1. 姿势和单腿抬升转体一样，一侧的手臂举高至四位的高位，上半身转向抬起腿的一侧。

2. 身体放低，收紧腹部。记住，发力的是你的腹部。抬起的手臂和腿都应保持不动。做 2 组，每组 8 次。再换一侧重复。

大腿内侧（12 分钟）

芭蕾舞蹈演员总会不停地用到大腿内侧肌肉，因为太多的舞蹈动作都是外开的姿势。从扶把杆做屈膝延伸到站立时保持完美平衡，做这些动作时，大腿内侧肌肉一直在拉伸并且不间断地用力。这一系列的动作有助于大腿内侧肌肉的紧致塑形，让你获得芭蕾舞者一般纤长紧实的双腿。

这里的动力腿是处于身体下方的那条腿，它也是这个动作的关键。上半身尽量放松，身体靠在右手肘上或者让上半身靠在垫子上，右臂向外伸展。收紧腹部，腹部肌肉发力，拉伸动力腿的膝关节。

经典大腿内侧上提

预备姿势：靠右侧躺在垫子上，右腿伸直，放低，左腿在上。屈左膝，将左脚放在右腿前面或后面，左脚足尖绷直或者平放皆可。

1. 将动力腿膝关节伸直并往上提，然后放低，再上抬。做 4 组，每组 8 次。最后一次时，腿的动作保持一会儿。

经典大腿内侧高位上提

1. 在经典大腿内侧上提动作的最高点，将动力腿抬得更高一些，再放低，用力快速抬高再放低。做 4 组，每组 8 次。最后一组时，腿在高处保持一会儿。

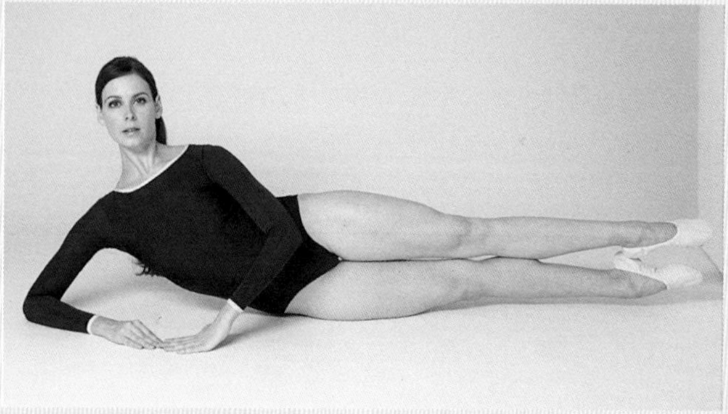

大腿内侧运动从一位脚到四位脚

1. 侧躺，双腿放低，保持双膝挺直，两条腿呈一位。收紧腹部，胸部放松。

2. 伸展膝关节，大腿内侧发力，将身体下方的腿往前移一些，身体上方的腿后移一些，脚呈四位。

3. 将双摆回一位，然后再伸展到四位，紧提膝关节的同时身体核心肌群发力。做 4 组，每组 8 次。

★ /A . 再做 4 组（每组 8 次）四位脚时的伸展动作并保持一会儿。

经典大腿内侧上提——重复练习

让双腿回到预备姿势，再重做一组经典大腿内侧上提动作，你的大腿和臀部会再次有发力感，且保持腹部发力。做 4 组，每组 8 次。

大腿内侧拉伸

1. 坐直，将一条腿伸向身体的一侧，好像准备要劈叉那样，上半身向一侧脚尖靠近。

2. 另一侧的腿弯曲，轻轻地放到身前。

3. 将伸直那条腿的膝关节绷直，抬起身体另一侧的胳膊，在头顶稍弯曲，把它往伸出的腿上压，拉伸上半身的肌肉。另一条手臂弯曲在胸前。放松腰部和背部。

4. 换腿，在另一侧重复做。

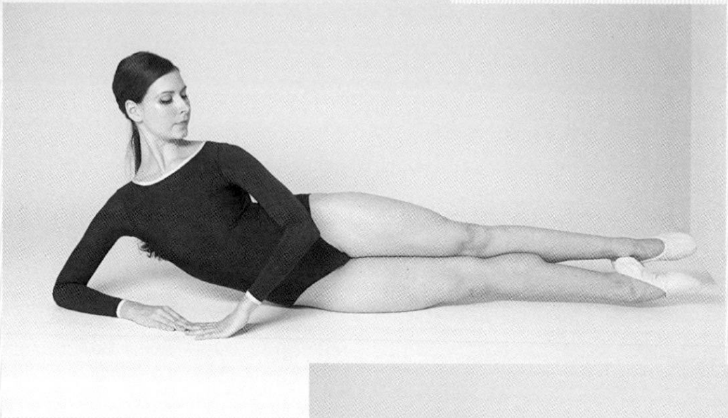

鹤立式伸展

1. 像经典大腿内侧上提动作一样卧在身体的一侧。

2. 屈双膝做鹤立式，并将它们抬离地面，右脚在前。挺胸收腹。

3. 伸直双腿，离地，双腿呈五位。

4. 再次屈双膝，回到鹤立式，然后再次伸直。保持挺胸收腹，且腹部发力。做 2 组，每组 8 次。

★ /B. 因为这组动作难度较大，初学者一开始可以只做 1 组即 8 次，也可以只弯曲和伸直身体下方的那条腿，利用上腿保持身体平衡（如本页最上方的图片所示）。

拉伸：做一次大腿内侧拉伸，然后换一边重复大腿内侧动作。

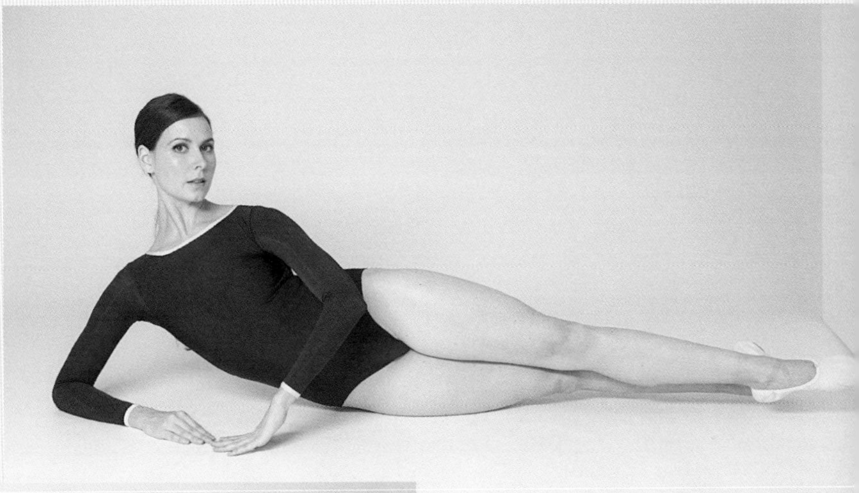

大腿外侧（10~15 分钟）

这个系列的动作主要针对臀部和腿部外侧的肌肉进行专项训练。这些在垫上做的动作，在拉长身体线条的同时也能让肌肉变紧致，效果非常好。

预备姿势：向右侧卧在垫子上，双腿伸直。上半身怎么舒服怎么放。左手臂弯曲靠近下腹部，右手臂向外伸展，放在地上。双膝绷直。做完右侧的全部动作后换左侧重复。

大腿外侧延伸平行上提

1. 抬腿的时候绷直脚背，放低，同时保持臀部不动。

2. 抬起的腿伸直，在半空保持不动，核心肌群发力，臀部收紧。不要忘了自然呼吸，虽然很难做到。你会感受到臀部和大腿外侧有一种脂肪燃烧的感觉。做 4 组，每组 8 次。最后一次时腿在空中保持不动。

★ /B. 初学者做到这里时休息一下，做髋关节拉伸。

平行延伸高位上提

1. 在刚才的动作中，动力腿处于最高点的时候继续上提，保持膝关节绷直，腹部收紧。

2. 保持髋关节稳定不动，动力腿的脚尖绷直朝向地板，缓缓地做抬高和放低运动。做 4 组，每组一次。最后一次时腿在空中保持住。

单腿半空画圈

1. 从刚才的提腿动作开始，在半空画圈。动作幅度并不大。想象自己在用动力腿和脚尖在空中画小圆圈。把动力腿抬高，画圈，再提起。

2. 要始终抬起一条动力腿，同时髋关节保持不动——想想脚尖踮立在地面的感觉。

3. 反向画圈。做 4 组，每组 8 次。

记住，如果你的肌肉没有灼烧感，那么它们就没有发力。你可以停下来做个5分钟的拉伸，再继续做。

延伸平行上提——重复练习

重复延伸平行上提的动作，动力腿上下移动的幅度加大一些。确保动作的平稳度，不要用力将腿甩到空中。你的双腿现在应该开始有灼烧感了。做4组，每组8次。

拉伸：坐式髋关节拉伸或者经典腿部后侧肌腱拉伸。这些拉伸动作会让你在强度稍大的臀部和腿部运动之后感到舒适放松。

做一次3分钟的快速拉伸。舒缓髋关节，走动走动，然后休息一下。喝口水，再回来做同侧的最后一组动作。

侧面屈膝式平行运动

1. 回到基础的右侧延伸平行上提动作，伸出双腿。

2. 抬起处于上方那条腿，平行延伸抬高，然后向后弯曲至鹤立式。

3. 再次延伸动力腿，先伸直再屈膝。这个动作类似于臀桥系列高踢腿动作中的侧面动作。做 4 组，每组 8 次。

注意：整个运动过程中都要记得收腹，保持自然呼吸，上半身靠在垫子上保持放松和稳定。保持脚尖指向垫子，这样能摆正髋关节。现在你的肌肉一定非常疲惫了，你会真切地感受到这一点。

拉伸：休息一下喝口水，活动活动，拉伸一下大腿内侧和腿部后侧肌腱。换另一条腿重复之前的动作，记住收紧腹部，保持核心肌群发力。（★ /A. 腿抬得更高一些并保持与臀部成一条直线，让动作更富挑战性）

站式手臂系列（5~10 分钟）

站式系列运动省时、有趣、优雅，既能让你保持兴奋，也能让运动后疲惫的肌肉放松下来。这是一个绝佳的上半身塑形运动，塑造肌肉的线条而不让它们变得过分臃肿。这些动作既强健又轻柔，完美无缺。这一系列里的动作能让你非常有效地运动下腹部并且塑造出手臂的完美线条。注意不要弓背，下腹部要用力，并且肘部要保持一个美丽的上扬姿势，同时不能耸肩。

屈膝的迎风展翅式

预备姿势：做完垫子上的动作后，你的双腿温热，那么你刚好可以直接进入迎风展翅式练习。这是一套很棒的腿部塑形动作，能增强核心部位肌肉的力量，让你的体态更佳。屈膝的迎风展翅式很大程度上是芭蕾的箭步蹲，但这个动作不会让你的大腿变粗。

1. 重心放在右腿上，右膝稍稍弯曲成半屈膝，左腿向身后伸直呈迎风展翅式。

2. 腹部收紧，双臂放低至身体两侧，身体的重心放在前脚的脚掌上。保持脖子伸长，腹部发力。如果你感觉重心不稳，可以扶墙或者扶椅子做。

3. 发力，将右腿弯曲幅度加大，再恢复。做4组，每组8次。

天鹅臂迎风展翅式上提

1. 从预备姿势开始，打直右腿，抬起左腿，伸向半空呈迎风展翅式。不要担心你的左脚抬得不高，开始的时候双脚刚离开地面都可以，随着稳定性和力量的提升，你会抬得更高一些。

2. 当你抬高左腿的时候，收紧腹部，用核心肌群发力。

3. 双臂举过头顶呈 V 字形，拉伸双膝。

4. 将左腿放到地面上，回到预备姿势。放下双臂，同时保持背部和上半身稳定。这个动作可以活动你的腿部、手臂以及核心肌群，但重点还是手臂。确保上下运动的时候手臂集中发力。做 4 组，每组 8 次。

拉伸：/B. 初学者这个时候可以拉伸一下（站式腿部拉伸），而进阶者直接做下一个动作。

空中迎风展翅式屈膝

1. 放下后腿呈迎风展翅式，弯曲支撑腿的膝关节。

2. 手臂放低至一位，保持腹部收紧，脖子伸长，挺胸。不要弓背。

3. 手臂在胸前保持一位，支撑腿的膝关节与脚尖上下垂直相对，抬后腿成空中迎风展翅式，支撑腿的膝关节保持弯曲。

4. 半屈膝发力，保持后腿上提呈空中迎风展翅式。做 4 组，每组 8 次。

★假如重心不稳，可以扶着墙或椅子做。

拉伸: /B. 初学者这个时候可以做站式拉伸了。

低位迎风展翅式箭步蹲

这个动作对臀部和大腿有很好的锻炼效果。

1. 在迎风展翅式上提的基础上，后脚放在地板上，双臂保持一位，左腿在后，挺胸，前腿呈半屈膝。

2. 后腿在地板上做迎风展翅式，向后滑动，前腿膝关节弯曲的幅度再大一点，俯身，呈低位箭步蹲。

★ /B. 如果你是个初学者，屈膝时你的双臂可以保持一位。/A. 进阶版的动作：手臂呈三位，同时转身。

3. 注意支撑腿的膝关节要与脚尖上下垂直相对。屈膝幅度加大，然后发力。伸展脊柱，保持脖颈放松。做 2 组，每组 8 次。

拉伸：拉伸支撑腿的膝关节至迎风展翅式，同时，缓慢地抬起你的上半身。

换腿重复上述 4 套动作。
分别做 4 组，每组 8 次。

向前延伸半屈膝

预备姿势：右腿前伸呈延伸姿势，双膝上提。确保前脚脚尖绷直且双膝完全绷直。腹部收紧，打开双臂，弯左臂至胸前呈一位，伸右臂呈三位。

1. 弯曲支撑腿，呈半屈膝式，前腿在地板上向前划出。

2. 收紧腹部，左臂下沉靠近右脚。支撑腿的膝关节与脚尖上下垂直相对。

3. 半屈膝，起身，再加大屈膝的幅度。保持手臂姿势稳定，腹部用力。这一屈膝的姿势可以真正地触及腿部、臀部和核心肌群。做4组，每组8次。

半屈膝上提向前迈步

这组动作很有挑战性，所以我们只做一组。注意用核心部位肌肉发力，腹部收紧。同时，不要弓着背，而要充分地弯曲和拉伸你的膝关节。

预备姿势：从向前延伸半屈膝的姿势开始，收紧腹部，核心部位肌肉发力，提起上半身的同时抬高手臂至三位，伸展和提拉双膝。这也是一个很棒的腹部动作。

1. 将前腿抬离地面伸向空中时，你将从延伸式过渡到空中迈步式。左臂举至头顶稍弯曲。

2. 保持腹部收紧，不要弓背。

3. 从这一上提向前迈步的姿势开始，缓缓地将动力腿放回地面上，然后再次做延伸式向前的动作，支撑腿回到半屈膝式。

4. 前腿再做一次延伸式向前屈膝。

5. 保持脖子伸直，记住上下运动的时候不要让上半身动作变形。做 1 组。

拉伸：做站式拉伸。

换另一侧重复上述 2 套动作。

最后的拉伸和行礼

恭喜你完成了如此富有挑战性的运动！我们会做最后一组拉伸来放松你的肌肉和身体。

拉伸：经典腿部后侧肌腱拉伸和髋关节拉伸。在拉伸的最后，我们来做一个劈叉的动作（双腿不一定要分开成 180 度）。保持这个姿势几秒钟（如果时间充足的话，也可以保持几分钟），然后站起来做行礼动作。

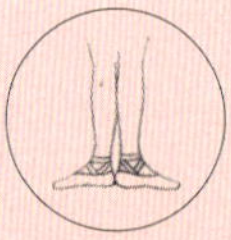

什么是行礼？

芭蕾里的行礼有点像行屈膝礼或鞠躬。它是一种通过动作向老师或教练表达谢意和尊敬的方式。但请不要对着我做这个动作——对你自己做！你今天做得很好，我为你感到骄傲。

先做五位手的动作。将双臂举过头顶，保持下腹部用力且身姿挺拔。接着，右腿做向前延伸式动作，同时右手放低呈三位。提起上身，腹部发力。换另一侧重复。然后做迎风展翅式，手臂保持在三位。抬高髋关节，上提双腿，收紧腹部。吸气，弯曲支撑腿的膝关节，上半身俯身靠近地面。前腿弯曲，后腿保持绷直，

做迎风展翅式。慢慢地将上半身抬起，同时绷直膝关节，手臂回到三位。换一边重复以上动作。

这套 60 分钟的美丽芭蕾经典动作几乎对你身体的所有部位都进行了针对性训练，它甚至包含了一些有氧运动。

你可以一次性做完所有动作，或者分步骤做。下一章也是如此，无论是 15 分钟的单次运动、30 分钟的组合运动，还是难度更高的 45 分钟或 60 分钟系列，你都拥有许多不同的选择。继续吧！

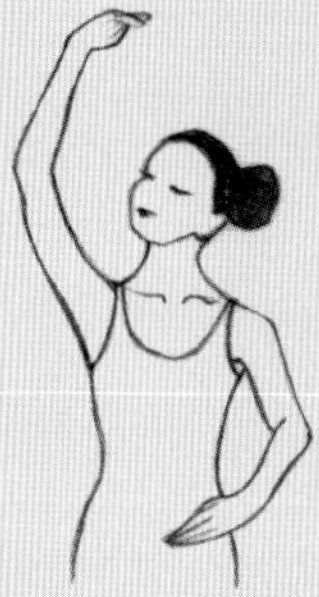

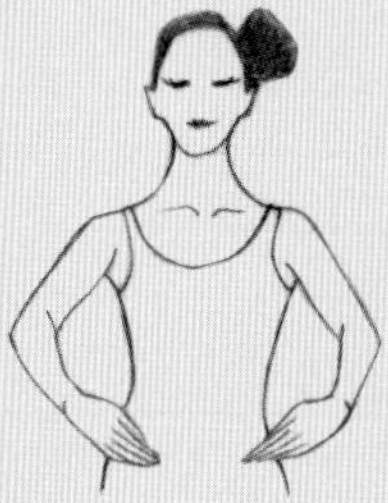

第六章

15 分钟美丽芭蕾爆发课

这一章介绍了美丽芭蕾有氧爆发课程，其中包括 4 个非常具有针对性和挑战性的 15 分钟课程，它们不仅能让你的心率上升，也能帮你塑造手臂、腿部、腹部和臀部的完美线条。

正如克拉拉分享的："我真的太喜欢美丽芭蕾爆发运动了！当我赶时间的时候，我就只做一个动作。如果时间充裕，我可以根据自己的需要组合各种动作。爆发课程简直棒极了！无论是在酒店房间，还是在户外，我都可以练习。我真的很喜欢这些动作，也希望会出更多的动作！"

跟美丽芭蕾经典课一样，有氧爆发课的目标是塑造紧实的芭蕾肌肉，帮助全身塑形，同时也锻炼心肺功能！这是一系列非常有趣的站式运动，让你焕发由内而外的美丽。我设计的站式动作对增强力量、改善仪态以及保持身体的平衡感效果奇佳。这也是一系列有挑战性的全身运动，靠低强度的动作就能强化心肺功能，达到惊人的效果！

将这些动作想象成芭蕾课里的舞步，每一步都对改变身体形态有重要意义。爆发系列课可以作为一次长时间运动中的一个部分，如经典课，你也可以用它替换经典课程中的某个动作。完全是由你自己定！如果你每次能有一整个小时来健身，那么这套爆发课程就很适合你。这套课程是非常灵活的，每组动作可以互换且效果显著。

当你赶时间的时候，可以做 1 组或 2 组爆发动作，也可以把它们变成一整套的 30 分钟或 60 分钟的运动，一次做完，或者分成几次做：早上做 15 分钟，然后在下午或晚上再做 15 分钟。爆发课非常灵活自由，而且具有有氧运动的特点以及美丽芭蕾课程的优点：有助于平衡和塑造优雅姿态。正如你在第二章设定目标部分所了解到的，一周做 3 次 60 分钟的健身运动可以给你带来极佳的效果。

即便你每天只有15分钟时间能用来健身，你仍然可以收获不可思议的改变。当你可以腾出更多时间，你的变化将会更加显著且激动人心。我坚信呵护自己的身体是一件积少成多、水滴石穿的事情。我建议，忙碌的时候挤出一点时间来做一次爆发运动，这样能让你更好地坚持自己的目标。

爆发课程包括4组15分钟的美丽芭蕾运动：

天鹅臂系列

有氧爆发系列

屈膝运动

迎风展翅式运动

当你在做爆发运动的时候，不要忘记参考美丽芭蕾准则。它们能帮助你找到正确的姿势。

天鹅臂系列

美丽芭蕾天鹅臂系列是一套优雅的动作，有利于塑造紧实纤细的手臂，同时也能增强上半身的力量，美化体态。这套富有挑战性的动作利用身体本身的重量去改变手臂和上半身的形态，所以你随时随地都可以练习。准备好去享受这一切吧，我们先从一些站式拉伸动作开始。

站式腿部拉伸

站式腿部拉伸（见第 67 页）。向内弯曲左腿，左手去抓住右脚，将其往上拉向臀部，拉伸髋关节和大腿前侧。为了保持平衡，要收紧核心部位的肌肉，也可以扶着墙或椅子做。

换腿重复做。

将右腿前伸，上半身弯曲，靠近右腿，呈延伸式，保持膝关节绷直。上半身轻微下压再抬起，拉伸腿后部和肌腱部位的肌肉。换腿做。

站式手臂拉伸

重复第 66 页的拉伸。站立的同时双臂上举至五位，肩部下沉，脖子伸长。一手放低呈四位，然后让上方手臂稍向后伸，挺胸。放下手臂呈一位，然后重复做另一边。

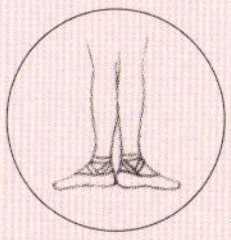

我为何如此热爱天鹅臂系列！

《天鹅湖》是我一直以来非常喜爱的芭蕾舞之一，我喜欢里边的音乐、浪漫的故事以及经典的舞蹈。现在我不用每天上台表演了，但我还是喜欢做天鹅臂运动，它让我能够在有效健身的同时体验芭蕾之美。

经典天鹅臂

预备姿势：站好，脖子和肩膀尽量放松，双脚呈一位（脚跟并拢，脚尖向外）或六位（双脚平行并拢），双膝稍弯。记住让身体向上提，但不要过于僵硬。双手轻松而优雅地放在两侧，让它们在运动中跟随手臂而自然上下移动。

★ / B . 初学者可以在两组动作之间多做一个站式拉伸，只做 3 组动作。

1. 挺胸收腹。

2. 保持脖子伸长，手臂向两侧伸展至二位。

3. 弯曲手肘，放低手臂，保持挺胸和上半身上提状态。

4. 放下双手，然后提起手肘，抬高前臂，再将双手抬至与肩齐平。一开始你可以做得慢一点，熟练之后再加快速度。

5. 再次放下双手，然后再提起，保持挺胸和下腹部收紧状态。想象你在水上移动的感觉，好好享受！做 4 组，每组 8 次。

高位天鹅臂

1. 先将双手举高到肩部呈二位。掌心向下。双手上举超过肩膀，手肘上提，脖子伸长。举起双手呈 V 形姿势，手掌朝下。

2. 当你向上高举双手的时候，伸展身体和手指，然后放低手肘，让双臂回到二位。

3. 再次提起手臂至五位，保持脖颈伸长，下腹用力。做 4 组，每组 8 次。

★ /B. 初学者此时可以做一次上半身拉伸(动作和站式拉伸一样）。

高位天鹅臂发力

1. 手臂上举保持高位天鹅臂的姿势，稍稍弯曲手肘，然后向上往外推，沿着手臂的方向伸展从肩部到手肘的肌肉。

2. 挺胸，脖子伸长，腹部收紧。

3. 轻轻弯曲手肘，然后再伸直，伸展手臂。做 4 组，每组 8 次。

侧面天鹅臂

这是经典天鹅臂的一个变式，但是与之相比，这个动作中，手臂和肩部的活动要少一些。这是一组很棒的动作，可以让你在拉伸手臂肌肉的同时获得一种我称之为“工作中的休息”。这个动作也能让你调整气息，一边运动，一边拉伸。

1. 首先伸展双臂至二位。

2. 然后弯曲手肘，将双手靠近肩部，保持脖子伸直，挺胸。

3. 再次伸展双臂至二位，拉伸手臂关节。

4. 重复手肘的弯曲和伸直。不要过度绷直手肘，想象一下把水推开的动作。

5. 保持挺胸状态，脖子伸长，腹部用力。做 4 组，每组 8 次。

★记住，这些动作并不仅对双臂有效，也能强化核心肌群的力量，帮助你改善体态。所以在练习时，请保持脖子伸直，腹部收紧。当你胸口上提以及双臂下推的时候，想象自己处于最美好最优雅的状态中，让自己获得真正的转变。

拉伸：站立的时候将双臂举至五位，保持肩膀下沉，脖子伸直。再换到四位手，身体上提，弯向下方手臂一侧，将上面的那条手臂稍稍往后，挺胸。手臂放下呈一位，另一侧重复做。

伸出手臂至二位，重复另一组经典天鹅臂动作，放低双臂的时候放低手肘，抬高手臂的时候提手肘。做 4 组，每组 8 次。

★ /B. 初学者可选做拉伸运动。

后侧天鹅臂

1. 先伸展双臂成二位。

2. 放低手肘，放下双臂至臀部后侧。

3. 手臂放到臀部以下，手掌往后推，保持挺胸姿态。

4. 放在臀部之后的双手和双臂从后向外推，拉伸手肘和手臂。

5. 手肘和手臂收回，靠近身体两侧，同时下腹部用力。双手后推的时候一定要全程拉伸手肘。

6. 手臂回到二位，提手肘，再重复前面的动作。当你放低手臂并将它们推到身后的时候，想象手臂是在水中运动。挺胸，保持脖子尽可能伸长。做 4 组，每组 8 次。

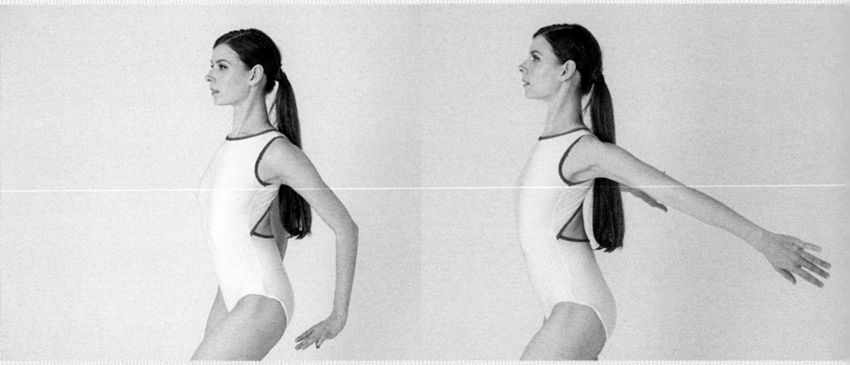

侧面天鹅臂——重复

手臂伸展至二位，手肘向内弯，将双臂收回靠近肩膀两侧，再慢慢伸直和伸展手臂。记住不要过度绷直手肘。保持挺胸状态，脖子伸长，腹部发力。做 4 组，每组 8 次。

拉伸：重复第 137 页的站式腿部拉伸。

经典天鹅臂——重复练习

1. 双手与肩齐平，成二位，放低，弯曲手肘。挺胸。

2. 抬起手肘，再抬起手臂至齐肩。

3. 放下手臂后再举起，核心肌群收紧，保持挺胸状态，做 4 组，每组 8 次。

低位天鹅臂

这组动作和高位天鹅臂类似，不一样的是手臂要放在髋关节下方。首先按经典天鹅臂的姿势站好，将手臂伸展至二位。

1. 将手肘放低至身体两侧，手掌朝下，手臂放至两腿边。

2. 伸直手臂，并向外伸至身体两侧，保持手臂在髋关节下方。想象自己穿了一条有很多层纱的芭蕾舞裙时手放的位置——这就是你的手臂和腿部之间应保持的距离。

3. 从这个低位姿势上提手臂，回到二位，然后弯曲手肘，放下手臂。重复以上动作。

4. 保持脖子伸直，挺胸，下腹部用力。做4组，每组8次。

低位天鹅臂发力

1. 手臂呈低位天鹅臂姿势，做出完美的芭蕾姿势。双手向下压，绷直手肘，拉伸整条手臂直至指尖。

2. 手臂不要做成二位，而是稍稍弯曲手肘，保持在较低的位置，然后向外伸直手臂，挺胸，伸展手肘至手指的关节，保持腹部发力。做 4 组，每组 8 次。

★ /A. 右腿可以半屈膝做，让腿部发力感更强烈一些。

侧面天鹅臂——重复

将双臂向身体两侧伸展推开，与肩同高，弯曲手肘后再伸直，记住不要过度绷紧手肘。保持挺胸状态，脖子伸直，腹部收紧。做 4 组，每组 8 次。

拉伸：重复第 137 页的站式腿部拉伸。

经典天鹅臂——重复

1. 手臂放低至低位天鹅臂，弯曲手肘。

2. 抬手肘，带动手臂上提至与肩齐平，双手低于手肘的位置。

3. 再次放下手肘，放低手臂，同时挺胸。

4. 再次提手肘，抬手臂至二位，手臂与肩齐平；然后提起手肘并带动着放低手臂。

5. 保持脖子伸长，腹部用力。不要让脖子过度紧张。做 4 组，每组 8 次。

★ 可以选择性地做拉伸。

天鹅臂完整版——从低位到高位

1. 手臂位置和经典天鹅臂动作一样，放在二位，且手臂伸直。手肘往下带动手臂至天鹅臂低位。

2. 提手肘、抬手臂使之高出肩部，到天鹅臂高位。

3. 放下手肘带动手臂回到天鹅臂低位，挺胸收腹。创造阻力，想象自己正在用手臂推开水或者层层的舞裙。

4. 再次提手肘，并带动手臂来到天鹅臂高位。做 4 组，每组 8 次。

侧面天鹅臂——重复

将手臂向外伸直至肩膀两侧，弯曲手肘后再伸直。不要过分绷紧手肘，想象自己正在推开水。保持挺胸姿态，脖子拉长，腹部收紧。最后，以伸展手臂结束。做4组，每组8次。

拉伸：重复第137页的站式手臂拉伸。

有氧爆发系列

这一受芭蕾舞启发的站式系列运动是一套极具挑战而富有成效的全身性的动作，而且它们很有趣！

我的客户常常告诉我，她们很喜欢这套动作，因为这套练习让她们觉得自己在慢慢变美。如果你每周只有 15 分钟的运动时间，这对你再合适不过了！我最喜欢在去海滩或者出席某个特别的活动之前做这套动作，不仅能快速高效地强化你的体形，同时也能让人获得一种优雅的感觉。

开始练习以前，我们先来做站式腿部拉伸和手臂拉伸。

站式腿部拉伸

1. 让左腿向内弯曲，用左手去抓右脚尖，将右脚向臀部方向拉，髋关节和大腿前侧打开。下腹部收紧，扶墙或者椅子保持平衡。

2. 换腿重复以上动作。

3. 向前伸出右腿，上半身弯曲靠近右腿，保持膝关节伸直。上半身下压，再抬起，然后拉伸腿后侧和肌腱。起身换腿。

站式手臂拉伸

1. 站立，双臂上举至五位，保持肩部下沉，脖子伸直。

2. 一手放低呈四位，身体弯向下方手臂一侧。将上方手臂稍微后伸，挺胸。

3. 双臂放低至一位，换另一侧重复。

预备姿势：手臂在身前环绕呈一位，双脚呈四位（双脚一前一后外开，中间约一脚宽）。

★ /B. 如果你是初学者，前脚脚跟要和后脚脚背在一条直线上; /A. 如果你是进阶练习者，前脚的脚跟和后脚的脚尖要对齐，保持身体的重心在两脚之间。

收紧小腹，保持脖子伸长，手肘不要下垂。同时，确保当你屈膝的时候，两膝与脚尖上下垂直相对。

四位脚半屈膝

1. 双脚处于四位站好，一脚在前，一脚在后，重心在两腿之间的位置。双手呈一位。

2. 半屈膝，确保双膝与脚尖上下垂直相对，脚跟不要离开地面。

3. 挺胸，脖子伸长，小腹收紧用力。屈膝时不要含胸，上半身仍然保持挺直状态。

4. 起身后再屈膝，每次屈膝最好将膝关节再往下弯一点。你会感觉大腿内侧、腿部后侧肌腱以及臀部肌肉的发力感。做 4 组，每组 8 次。

四位脚屈膝伸展

1. 在半屈膝的位置上，大腿内侧用力，双脚仍然保持四位。双臂呈一位，在身前弯曲。

2. 再次弯曲膝关节，和四位脚半屈膝的姿势一样，然后伸直双腿，不要移动。将重心保持在双腿之间的位置。再伸展双臂，将其上抬至身体两侧呈二位，同时伸展腿部和膝关节。

3. 谨记“不要超过身体极限”的原则，屈膝时保持膝关节与脚尖上下垂直相对。如果你的双脚不像我分得这么开，也是很正常的。

4. 绷直双腿。每次绷直膝关节的时候，手臂从一位变成二位，每次屈膝的时候手臂保持在一位。

5. 保持挺胸姿态，腹部用力。做 4 组，每组 8 次。

单腿站立平行发力

1. 双脚呈六位。

2. 将左脚稍稍抬离地面呈切步式，弯曲右膝。

3. 挺胸，手臂做天鹅臂低位姿势，腹部收紧，脖子伸长。

4. 屈膝时发力，保持核心肌群上提。

★ /B. 如果你是初学者，难以保持平衡，可以扶墙或扶椅子。另一个办法是抬起的一脚的脚尖以切步式点地。做 4 组，每组 8 次。

单腿站立平行上提

1. 双脚并拢呈六位。

2. 将一只脚稍稍抬离地面呈切步式，支撑腿屈膝。

3. 挺胸，手臂做低位天鹅臂姿势。

4. 绷直支撑腿，动力腿做单腿站立且上提，同时手臂高举过头顶，手腕靠在一起，掌心向外。左脚应该从右脚脚踝处滑向右脚膝关节。最大限度地弯曲和拉伸膝关节。

5. 保持腹部收紧，挺胸。下腹部发力。做 4 组，每组 8 次。

6. 另一边重复做。

拉伸：做站式腿部拉伸。

把动作合在一起：即旋转！

和芭蕾舞中经典的旋转一样，美丽芭蕾的旋转也是先做四位脚屈膝。如果是跳巴兰钦舞曲，你的重心要落在前腿上，后腿向后伸直，做我称之为“芭蕾箭步蹲”的动作。作为一名纽约芭蕾舞团的演员，我最爱这个旋转动作。如果你是向左转，你的左脚应该放在后面。同时，将左侧的手臂向前伸，同时打开右臂至二位。腹部收紧。用全身的力量将身体向前推，同时提后腿做单脚站立式（腿向外打开，后腿和膝盖与身体呈 90 度），然后旋转。这套动作很有意思！

鹤立式上提

如果你观赏过芭蕾版的《睡美人》，你就会知道鹤立式舞步是多么古典、多么优美。有一段非常著名的双人舞场景，女主人公奥罗拉在未婚夫的陪伴下步入宫廷时，她做了一个踮脚尖的鹤立式平衡动作，让这一幕获得了永恒的魅力。这是一个美好的场景，跳好它需要惊人的平衡力和完美的身姿。做鹤立式的时候，支撑腿的膝关节必须绷得非常直，后腿和膝关节要与身体保持 90 度，上半身必须保持放松。

1. 以四位脚半屈膝开始，手臂放在一位。保持膝关节与脚尖上下相时，挺胸。

2. 腹部收紧，手臂上提至五位(在头上弯曲)，

后腿提起，绷直支撑腿。身体上提的时候确保小腹收紧，这样能让你避免弯腰弓背。

3. 后腿放低呈四位，注意不要含胸。手臂放低至一位。保持重心在前脚上。

4. 重复以上动作。做 4 组，每组 8 次。

★ /B. 初学者可以在这里多做一组站式腿部拉伸，只用做 2 到 3 组，每组 8 次就好。

鹤立式屈膝发力

1. 从鹤立式上提的姿势开始，后腿弯曲抬起，屈前膝，手臂打开伸向身体两侧至二位。

2. 挺胸收腹。

3. 屈膝，腿部发力，起身后再屈膝，上半身保持放松。后腿绷紧上提。做4组，每组8次。

拉伸：站式腿部拉伸。换腿，重复单腿站立平行发力、单腿站立平行上提、鹤立式上提以及鹤立式屈膝发力的动作。

站式腹部运动

这些站式腹部和侧肌的练习结合了姿态优雅的手位动作，有助于塑造你的腰部线条同时改善下腹部的平衡能力。

1. 四位脚站好。前腿屈膝，后腿向后伸直做迎风展翅式。确保身体重心落在前脚上。检验的方法是，将后腿抬离地面后，假如你的上半身前倾，那么你的重心就在后腿。再根据要求调整。

2. 提与后腿同侧的手臂至四位，收紧腹部。

3. 保持重心在前脚上，上半身弯曲。

4. 伸展手臂，抬高并打开呈二位，同时伸直前腿。这个动作对臀部和腿部也很有效。

5. 深呼吸抬起手臂至四位，同时弯曲前腿膝关节。收紧腹部，重心保持在前腿上，上半身微微弯曲。再次伸直前腿，同时将下方手臂抬高至二位。

6. 全程保持腹部收紧，核心肌群集中发力。做 4 组，每组 8 次。

站式腹部发力

1. 先以站式腹部运动的姿势站好，半蹲，手臂呈四位。

2. 收腹发力，手臂移动到身体两侧，提起上半身，转到身体的一侧，腿部呈箭步蹲的姿势。做 4 组，每组 8 次。

3. 换一边重复以上动作。

站式腹部扭转

1. 先按照站式腹部运动的预备姿势站好：四位脚，左腿屈膝，右腿向后伸直呈迎风展翅式。

2. 挺胸收腹，抬起双臂至一位。

3. 身体转向一侧的时候收紧腹部。

4. 转身时保持腿部和臀部不动，伸展手臂到迎风展翅式。此时双臂伸直，上半身转体的同时收紧核心部位肌肉。

5. 回到预备姿势，双臂收回到一位，身体面向正前方，双腿不要动。做 4 组，每组 8 次。

箭步蹲式腹部扭转发力

1. 保持站式腹部扭转的第二个伸展姿势。

2. 收紧腹部，发力扭转身体。保持肩部放松，膝关节与脚尖上下呈垂直相对。你会感觉到核心肌群和腰肌在发力。做 4 组，每组 8 次。

拉伸：站式手臂拉伸和站式腿部的拉伸。

屈膝运动

蹲式动作是芭蕾舞的基本姿势之一，许多转身、跳跃等动作是从此开始，也是上芭蕾课做热身运动时开始的动作。这些动作对你的臀部、腿部和腹部有不可思议的改善作用。屈膝运动让你更靠近地面，活动各个部位的肌肉。它是许多复杂步法和动作的预备姿势！

初学者可能会觉得这套动作有点别扭，所以要慢慢来。几周后，你就能轻松地做出这套优雅的芭蕾动作。

如果你刚做完其他的动作和拉伸，这里的拉伸动作就可以省略了。如果没有做，那么在预备姿势之前，你可以做一组站式手臂拉伸和腿部的拉伸。

预备姿势：首先呈四位脚站立，重心在双腿之间，手臂呈一位，膝关节与脚尖上下垂直相对，挺胸。

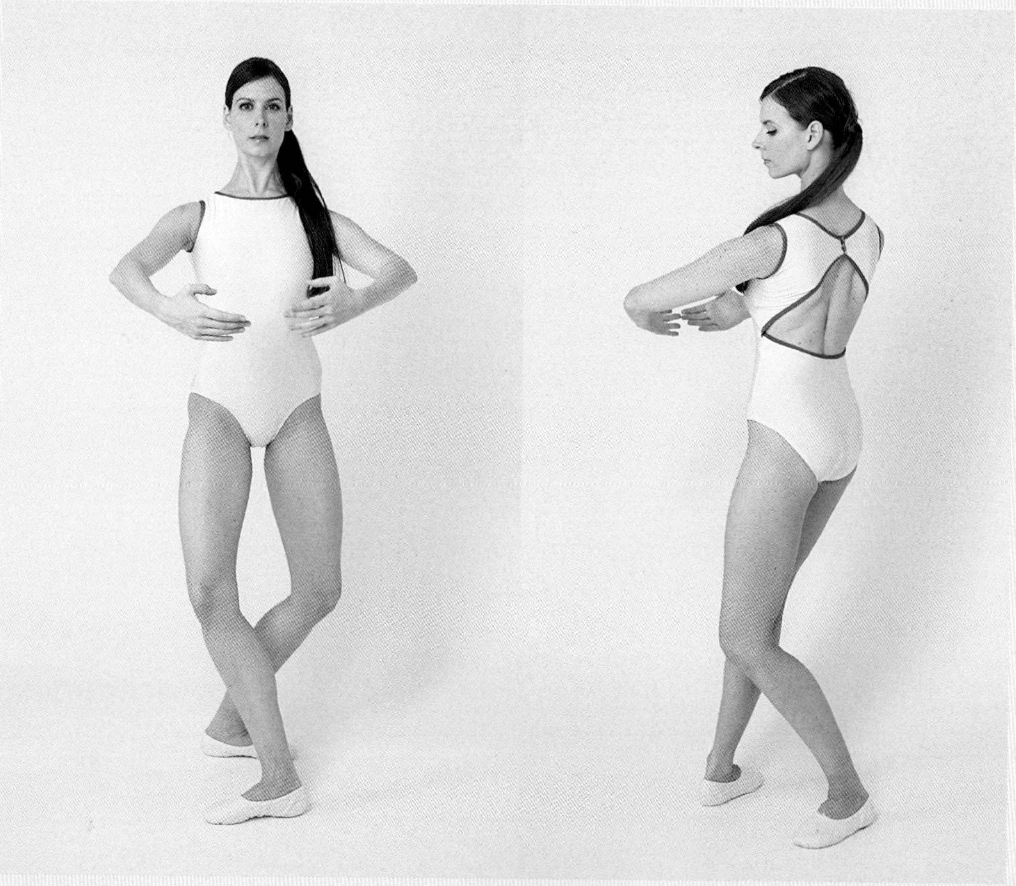

Plié Tendu Side

侧面延伸式屈膝

1. 四位脚屈膝，右腿单腿画圈，挪至二位，且绷直成延伸式。左腿保持半屈膝式轻微弯曲。手臂做低位天鹅臂动作。

2. 挺胸收腹。

3. 支撑腿往下弯曲的幅度更大一点，将另一条腿沿着地面向外延伸。绷直支撑腿的膝关节，然后再次弯曲至屈膝式。右腿伸直保持延伸式。

4. 确保支撑腿的膝关节与左脚尖上下垂直相对。挺胸，手肘上提，核心肌群用力。

5. 重复延伸式屈膝动作。做 4 组，每组 8 次。

直立延伸式屈膝

1. 和侧面延伸式屈膝动作一样，做延伸式深蹲的动作，手臂保持低位天鹅臂姿势。

2. 伸直支撑腿，收紧腹部，双膝绷直。在伸直支撑腿的同时，抬手臂，做高位天鹅臂动作，保持脖子伸长。

3. 再次弯曲支撑腿的膝关节做屈膝式，伸展双臂回到低位天鹅臂。然后再次站直，放下手臂回到二位。

4. 核心肌群、臀部和大腿内侧用力。半屈膝的时候，小心不要让上半身的姿势变形。眼睛看向前方，不要低头。做 4 组，每组 8 次。

延伸式屈膝保持

1. 回到直立延伸式屈膝的预备姿势，手臂呈高位天鹅臂。

2. 检查你的姿势：支撑腿与脚尖上下垂直相对，挺胸收腹，手臂伸向身体两侧。

3. 屈膝并保持这个动作。做 4 组，每组 8 次。

拉伸：做站式腿部拉伸。

Plié Tendu Front

向前延伸式屈膝

1. 屈膝从侧面延伸转向向前延伸式，双臂放低至身体两侧稍稍靠后的位置。保持挺胸收腹。

2. 弯曲支撑腿做屈膝式，然后加大弯曲幅度。前腿做向前延伸式，手臂呈后侧天鹅臂姿势。

3. 支撑腿的膝关节稍稍下压，另一条腿沿着地板向外延伸。绷直支撑腿，然后再次屈膝。动力腿的膝关节保持伸直呈延伸式。

4. 确保支撑腿的膝关节与脚尖上下垂直相对，挺胸，手肘上提，核心部位发力。

5. 有节奏地做此动作，做 4 组，每组 8 次。

向前延伸式屈膝和直立

1. 按向前延伸式屈膝预备姿势站好。手臂呈后侧天鹅臂，弯曲支撑腿呈半屈膝式，保持脚跟贴地，然后伸直支撑腿，同时抬高手臂至高位天鹅臂。保持前腿伸直做延伸式。

2. 弯曲支撑腿，再做一次屈膝。挺胸收腹的同时将双臂放低至后侧天鹅臂的姿势。保持前腿伸展至延伸式。

3. 再次站直，双臂上提至高位天鹅臂。

4. 重复以上动作，记住用核心肌群、髋关节和大腿内侧发力。屈膝时小心不要让上半身动作变形。做 4 组，每组 8 次。

向前延伸式屈膝并保持

1. 做向前延伸式屈膝的动作，手臂呈低位天鹅臂。

2. 检查你的姿势：挺胸收腹，支撑腿的膝关节与脚尖正上方上下垂直相对。

3. 保持不动。做 4 组，每组 8 次。

拉伸：做站式腿部拉伸。

迎风展翅式屈膝

1. 先做好延伸屈膝姿势，脚尖在地板上画半圆。确保腿部保持稳定，专注于髋关节的动作。手臂呈后侧天鹅臂——放在臀部之后，呈迎风展翅式。挺胸收腹。不要弓背。

2. 发力做迎风展翅式屈膝。做 4 组，每组 8 次。

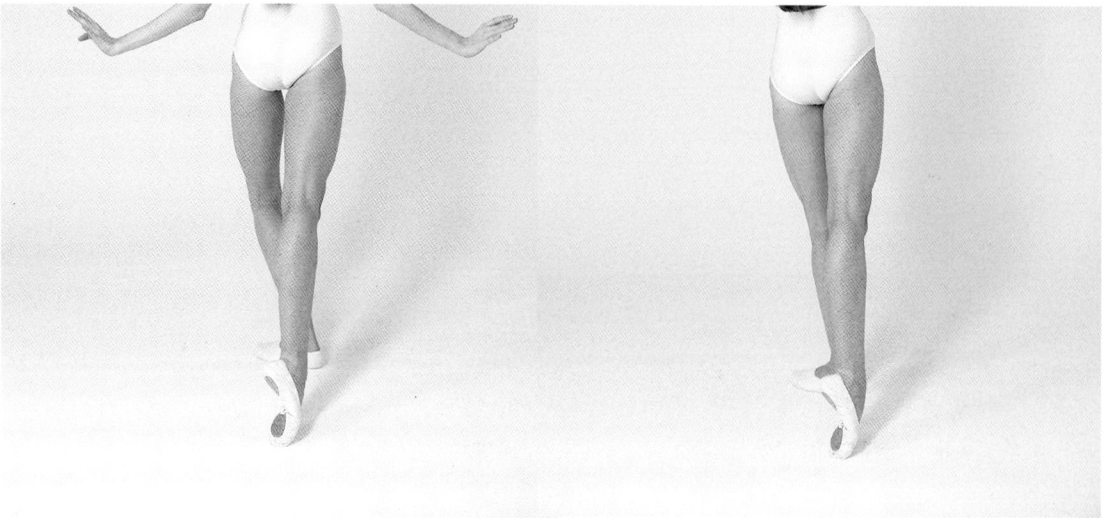

迎风展翅式屈膝和直立

1. 先做迎风展翅式屈膝的预备姿势，再将手臂抬高至二位，同时支撑腿伸直。

2. 再次弯曲支撑腿呈半屈膝式，手臂放低，保持后腿呈迎风展翅式。抬高双臂回到二位，挺胸收腹，同时拉伸支撑腿的膝关节。做 4 组，每组 8 次。

迎风展翅式屈膝并保持

1. 回到向后的迎风展翅式屈膝，手臂呈后侧天鹅臂姿势。支撑腿的膝关节与脚尖上下垂直相对，挺胸收腹。

2. 保持半屈膝。做 4 组，每组 8 次。

拉伸：做站式手臂拉伸和腿部拉伸。换腿在另一侧重复上述 9 套屈膝动作。

迎风展翅式运动

迎风展翅式是芭蕾舞经典的步法之一，同时，它对锻炼臀、腿、腹、背部很有效。我们先快速地做一次站式手臂拉伸和腿部拉伸练习。

预备姿势：

站直身体，挺胸收腹，双脚呈四位，双手呈一位。伸展后腿至延伸式，保持前腿弯曲做芭蕾箭步蹲。

四位脚屈膝发力热身

1. 做四位脚芭蕾箭步蹲，手臂放低，手肘微弯至低位天鹅臂。

2. 前腿呈半屈膝，确保膝关节与脚尖上下垂直相对，后背挺直。后脚脚尖贴地，脚跟微微上抬。

3. 挺胸，脖子伸直，核心肌群发力。

4. 起身后重复半屈膝动作，屈膝的幅度加大一点，再伸直，后脚贴地。做4组，每组8次。

★ /B. 初学者可以扶墙或者扶椅子以保持平衡，也可以扶着橱柜做。每组动作之间可以加入一些拉伸练习，让肌肉得以休息，同时，可以减少重复的次数，再慢慢增加难度。

拉伸：做上半身拉伸和站式腿部拉伸。

迎风展翅式延伸屈膝发力

1. 开始的姿势同屈膝发力热身预备姿势一样，弯曲前膝做芭蕾箭步蹲。将后腿伸直，绷紧脚尖做迎风展翅式延伸。重心放在前脚上。

2. 提起手臂至一位，收紧腹部。挺胸，手臂保持上提。

3. 屈膝，加大屈膝的幅度。

4. 保持挺胸姿态并上提上半身。屈膝的时候姿势不要变形。这个动作有助于挺拔身姿和锻炼背部。

5. 重复屈膝动作，感受支撑腿、臀部和腹部在发力。做 4 组，每组 8 次。

★ /B. 初学者可以做 2 组，接着做一组站式腿部拉伸，再做剩下的 2 组。

迎风展翅式延伸上提

1. 从迎风展翅式延伸屈膝发力的预备姿势开始，弯曲前膝，伸展后腿做延伸式。手臂呈一位，挺胸收腹。

2. 抬起后腿做凌空的迎风展翅式，支撑腿保持弯曲。举起双臂至二位。

3. 伸直后腿的时候，保持腹部收紧，不要弓背。

4. 将后腿放回地面，保持脚尖绷直。前膝保持弯曲。注意不要含胸。上半身一定要尽量保持上提。手臂放回呈一位。

5. 再次呈迎风展翅式，手臂抬高至二位手，保持支撑腿弯曲。做 4 组，每组 8 次。

★ 没有芭蕾把杆的时候，可以用椅子或者墙壁代替，所以如有需要可以使用。

同时，不要担心做迎风展翅式时后腿抬得不够高。保持后腿膝关节伸直，腹部用力。假以时日，你的腿可以抬得越来越高。

迎风展翅式直腿延伸上提

这个动作可以有效训练臀部、腿部和背部的肌肉。

1. 伸展手臂至低位天鹅臂，同时保持后腿在地面呈迎风展翅式延伸，支撑腿弯曲呈半屈膝式。

2. 收紧腹部，大腿内侧上提。

3. 上半身放松，手臂回到第一迎风展翅式。

4. 抬起后腿，保持腹部收紧。前腿伸直。注意不要弓背。

5. 双臂微微下沉，后腿放回地面至延伸式，然后再次抬起。双膝绷直。做 4 组，每组 8 次。

迎风展翅式高抬腿

1. 首先做迎风展翅式直腿延伸上提动作的预备姿势，抬后腿至空中（保持前腿伸直）。腹部收紧发力，抬腿的时候不要弓背。

2. 双膝保持伸直状态，挺胸收腹。

3. 将腿抬得再高一点，然后放低一些，但不要落地。做4组，每组8次。

★ 记住：刚开始学习的时候，你的后腿不用抬得非常高。我更希望你在做向后迎风展翅式的时候，腿部保持在低位，同时核心肌群和腹部发力。随着你的体能和灵活性的提升，你的后腿会抬得更高。

迎风展翅式高位屈膝

1. 首先做迎风展翅式高抬腿的预备姿势，抬后腿至迎风展翅式，然后弯曲支撑腿呈半屈膝式。支撑腿侧的手臂在头上弯曲，动力腿一侧的手臂，与肩齐平。

2. 保持后腿绷直呈迎风展翅式，挺胸收腹。

3. 让支撑腿弯曲的幅度更大一些，重复屈膝动作，后腿伸直，手臂和第一步一样。做 4 组，每组 8 次。

迎风展翅式高位屈膝伸展

这组动作是迎风展翅式高抬腿和迎风展翅式高位屈膝的变式，但后腿和大腿内侧的运动强度会更大一些。

1. 首先做迎风展翅式高位屈膝，双手呈三位。

2. 收紧腹部，绷直支撑腿至迎风展翅式上提的姿势，双膝挺直，后腿抬至空中，绷直。收紧腹部，核心肌群发力。

3. 双臂伸直至第一迎风展翅式，伸直支撑腿的时候收紧腹部。

4. 再次弯曲支撑腿呈半屈膝式，上方手臂回到三位，另一手臂呈二位停留在身体一侧。拉伸支撑腿，保持后腿呈迎风展翅式。不要

弯腰或含胸。

5. 做 4 组，每组 8 次。换腿重复。

拉伸：做站式手臂和腿部拉伸。

假如时间充裕，和我一起在垫子上做髋关节拉伸和大腿内侧拉伸吧。换一侧重复前面所有的迎风展翅式的动作，第一个除外。

15 分钟的爆发运动可以任由你选择，你可以把不同的动作组合在一起，或加入某些经典课程的动作，也可以做单组或多组。

如果你有时间做完 4 组爆发运动，那么你的全身都会得到一次奇妙的训练。如果你只有 30 分钟的话，可以考虑以下组合：

有氧爆发系列和天鹅臂系列：针对手臂的全身运动。

天鹅臂系列和屈膝运动，或者天鹅臂系列和迎风展翅式运动：针对手臂和腿部的高强度练习。

屈膝运动和迎风展翅式运动组合：能让你心率提升的臀腿部运动。

如果你对自己的练习感到满意，一定要做行礼的动作（见上一章结尾部分）。这也是一个很好的拉伸方式。

别忘了做拉伸和补充水分，还有，享受这一切，静待不可思议的转变！

第三部分

美丽芭蕾的生活方式

成功饮食法的奥秘在于满足感，而非饥饿感

第七章

节食是在浪费时间

有个朋友曾经告诉我："浪费在计算卡路里上的时间都够我学会日语了！"她是对的。不少人会被卡路里逼得抓狂，但我们也痴迷于这种或那种食物，而且我们都清楚，对卡路里过于在意反倒可能会导致体重上升和结局的惨痛。食物是生活中不可或缺的一部分，也是我们都喜爱并能享受其中的事物之一。如同健身一样，健康饮食对我们的身心有更好的帮助。营养平衡能帮助你提高身体素质，增强身体营养，让你感觉更好，看上去也更美。

也许你听说过芭蕾舞演员的疯狂饮食套餐——葡萄柚、香烟和咖啡，但我不主张这种不健康或极端的饮食方式。无论你是职业芭蕾舞者、母亲，还是女商人、艺术家或者学生，如果想要变得更好，必须保证你的身体有足够的营养，这样你的精神状态才会好。

和一般世界一样，在芭蕾世界，女性舞蹈演员从很小的时候就开始节制饮食。她们需要维持某种特定的身体形象，而长期处于这种过分强调外形的环境会引发某种危险的、自卑的恶性循环——她们贪婪地享受不健康食品，同时认为健康的食物缺乏吸引力。记得刚到美国芭蕾舞学校（纽约芭蕾舞团的指定学校）的时候，我很吃惊，所有的女孩都拿带点缀的冰酸奶当午餐吃（那时正是冰酸奶最火的时候）。我试过一次，结果饿得不行，下午上课没劲，注意力也没法集中。没有了之前的蛋白质、膳食纤维和谷物的营养，我的身体无法正常运转，我的表现也不如期望。很快我便换回了之前的自带午餐：一份全麦的火鸡三明治和新鲜水果。

这章主要讲的是如何重新发现一种健康的饮食方法。美丽芭蕾提倡的生活方式完全是"反节食"的，而且我确信这就是它行之有效的原因。你会发现不再用不健康的食物来摧毁自己或者消磨时间是多么安全、简单且容易上手的事。

正如凯瑟琳告诉我的：“我从美丽芭蕾学到的最关键的东西就是没有什么是非黑即白的。美丽芭蕾帮助我避开了很多人都饱受困扰的极端化的饮食方式。我找到了健康的饮食方式，这在很大程度上改善了我的外表和感受。这些东西完全改变了我的生活！”

关于食物和营养的看法，詹娜的转变则更加微妙：“我本来就吃得很健康，但现在我对此有了更清醒的认识。在想吃奶酪汉堡的时候会三思而行，而且每天我确实会选择更健康的零食，例如坚果和水果。”

“节食” 一词对许多人来说，都具有某种负面的含义，它可能唤起失落、愤怒和憎恨的情绪。一想到这个词，我就会觉得沮丧和不开心，因为这就是节食带给我的感觉——吃不饱但又痴迷于食物且心情不好。美丽芭蕾是一种生活方式，而不是一种节食方法，所以这一章的内容会帮助你培养并保持一种健康而不受饥饿感折磨的饮食习惯，这也是对美丽芭蕾课程的绝佳补充。你会真正改变对食物的看法，能做出健康的饮食选择，以及重新建立自己同食物的健康的关系，这一切完全是可能的！

美丽芭蕾的 5 条准则

我很高兴自己已经认识到节食对身体健康以及减重的目标不仅无益，而且有害。即便是许多非常流行的节食方法，其中一些极端的做法虽然能让你快速减掉几斤，但终究会带来不可避免的失败，因为它们本身是不可能持续的。极端饮食法如同坐过山车，忽上忽下，会对你的身心都造成严重的伤害。我曾经就是这样，实在是太痛苦了！但是它们也并非无法摆脱。所以让我们一起丢掉节食的念头，通过我的 5 条饮食准则，摄入丰富的营养物质来完成你的目标并让其维持下去。

1. 准备充分；
2. 多吃几餐；
3. 寻找替代性满足；
4. 灵活行事；
5. 既往不咎。

每个人都知道，对自己梦寐以求的身材和幸福感而言，健康的饮食习惯至关重要。我的 5 条简单饮食准则会帮助你明确并简化你对食物的认识，教会你如何选择健康的食品，也会告诉你怎样才能让你的健身计划效果最大化，并给你提供支持。这些准则是对美丽芭蕾的整个课程的补充，也与其他课程反映了相同的理念——平衡、健康、方便，以及设定的目标现实可行。无论你想减 20 磅，还是想穿小一个尺码的衣服，或者想不再为卡路里、复杂的食谱及惩罚性的节食而焦虑，或是想保持良好的身材，美丽芭蕾都能为你提供帮助。

准则一：准备充分

生活总是充满了压力、无序以及难以预料的变化，而让营养物质成为日常饮食的一部分，一种好的方法就是做好充分准备。对我来说，这就意味着冰箱里、工作室的橱柜里，或者我的旅行包里要一直有健康食品，所以我从来不会让自己处于太饥饿的状态。饥饿感是触发过量的不健康饮食的首要因素。这对每个人都成立！无论你对营养学了解得多么透彻，一旦处于极度饥饿的状态，都难以做出正确的饮食选择，也容易过量。

尽管对于饮食过度或者难以产生饱腹感的具体原因，至今仍然没有确切的解释，但是某些特定的生物化学因素对食欲确实造成了负面影响。当我太过饥饿或者太久没吃东西的时候，我会进入所谓的“饥饿模式”：我的食欲会变得无法遏制，这也是我非常脆弱并且容易失去控制的时刻。此时，先吃点高蛋白的零食，比如一个煮熟的鸡蛋或一杯希腊酸奶来缓解饥饿感，之后再用正餐，就能有所缓解。

当我们的身体太久没有摄入食物，大脑会释放一些让我们感觉饥饿的化学物质，从而让我们想吃东西。但当我们吃的东西没什么营养价值的时候，比如淀粉、碳水化合物、高糖或高脂的加工食品，这种反应会更加强烈。然而当身体吸收了如全谷物、蔬菜、水果等营养丰富的高纤维高蛋白食物时，我们会有明显的饱腹感，也不会有那么旺盛的食欲了。

有时候迫于生活压力，偶尔会很长时间都没有进食。当出现这种情况的时候，我会先吃一些高蛋白和有健康脂肪的食物，然后再补充碳水化合物，这样能让我不至于吃得太多，也不会身心不适。这种做法既能满足我的需要，又不至于走极端。

有人可能会说这太复杂了，其实一点儿也不复杂。我专门做了一份美丽芭蕾健康食品清单，从中挑选食物，你会获得更大的满足，吃得更多，同时可以减重，不会再迷恋甜食。听起来不错吧？

我的生活非常忙碌，要给学员上课、拍摄视频、推出新的课程、开会，以及从一个城市奔波到另一个城市，但我每天都做好了准备，所以无论多忙，我都可以轻松地补充天然健康的食物。每天我都会随身带着新鲜水果和坚果等健康零食，它们能让我保持充沛的精力，让我感觉自己更强大。家中备好可以快速烹饪出简餐的健康食材也非常重要。准备好制作沙拉的原料、健康汤饮，预先准备好晚餐，如一只热量不太高的烤鸡，这种做法可以让你避免结束一天的工作之后，在驾车回家路上捎上一份比萨或快餐。你会在第九章学到更多“闪电烹饪”的方法。

学会对一些可能影响你实现目标的情况作出预判，这也十分重要。例如，不要假定你在机场时一定会买一份健康的沙拉，或者下班之后在又累又饿的情况下，在鸡尾酒会上会拒绝一份油炸的开胃菜，尤其是当你喝了点酒，意志力减弱的时候。准备充分代表着你出门在外的时候会随身携带食物，或者在聚会、晚宴开始之前会先吃一点健康的零食。我发现，如果我知道自己最爱的黑巧克力正在家里等着我，就会很容易拒绝派对上的甜品！

虽然美丽芭蕾的饮食法偏重于新鲜天然未加工的事物，但有一些包装得好的零食也受到我的青睐，比如“全新早晨”（New Morning）牌的有机肉桂全麦点心。这种经典的健康食品让我欲罢不能！我一般会在全食超市或者健康食品商店买到它。另一个选择是一份加水果和蜂蜜的脱脂希腊酸奶，或者一碗应季的新鲜水果。晚上我总是会来一份甜点配一小杯脱脂牛奶或杏仁奶，以获取额外的蛋白质和补充钙质。

准则二：多吃几餐

与其费心思考什么时候该吃东西，不如多吃几餐效果更好。我所说的“多吃几餐”是什么意思呢？一般来说，最重要的是保证每隔 4 小时就吃点东西。这并不等于每天要吃 6 顿饭，每 4 小时吃一份健康的餐食或者零食能让你获得能量，加快新陈代谢。

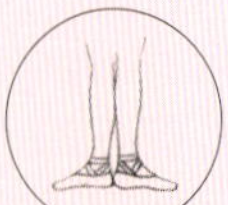

我喜欢吃黑巧克力，几乎每天都会吃一点，我最近很喜欢可可含量为 70% 或 85% 的绿黑牌黑巧克力。我会事先把巧克力从冰箱里拿出来，然后在下午尽情享受。如果晚餐吃得比较早的话，饭后我也会配上红酒或草本茶饮来享用黑巧克力，非常美味！

要想让身体保持良好的代谢水平，你需要补充能量。白天的小零食和轻食其实可以促进身体的新陈代谢，尤其是当你摄入健康而富有营养的食物时。多吃几餐也能帮助你保持精力充沛。食欲不可遏制和暴饮暴食的原因多是身体血糖含量太低。

每个人的身体状况和生活情况都是独一无二的，因此不存在适合每个人的完美饮食计划。一些人是“草食系”，喜欢少吃多餐。而我很享受进食的过程，厌恶饥饿的感觉。最适合我的方法是每天吃三到四顿正餐，再加上一点健康零食，这样能让我感到满足，并且坚持目标。

早餐是必需品，对于任何健康的生活方式，它都是不可或缺的。无论几点起床，我都会先吃一份健康的早餐。吃什么则取决于我有多少时间，所以我给自己准备了许多便捷的方案。我制定的健康饮食方法是可以持续采用一生的，而不仅是为夏天穿比基尼，或者为了某个重大的节日活动能穿上一件连衣裙而专门尝试。这种心态也有利于我的体重保持稳定，而不至于像过去那样，产生过大的波动。

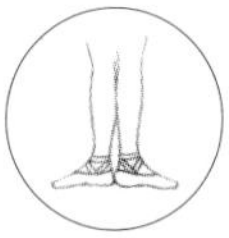

早餐绝对不能省略！

我相信你不是第一次听说，吃一份营养均衡的早餐是开始一天健康生活最好的方式。但你真的有这样做吗？当我的客户向我坦诚她们改变经常不吃早餐的习惯之后的激动心情时，我常常会感到非常惊讶。健康的早餐让你的身体保持充沛的精力、旺盛的代谢和强烈的满足感，让你的身体发生奇迹般的变化。

关键是找到你喜欢吃的且容易准备的食物。什锦早餐配脱脂牛奶、全谷物饼干或者一块全麦烤吐司配花生奶油酱，或一份加坚果的脱脂希腊酸奶。这些都是方便简单的早餐选择，它们既能让你能量充沛，又不用花太长时间准备，比起煮鸡蛋和芦笋已经很省事了！

我会尽量避免的食物选择

除了一些明显要避免的食品，如加工食品和油炸食品，以及快餐之外，还有以下一些无论何时我都会拒绝的食物。

1. 大份的食物。在餐馆吃饭的时候，通常我会先来一份沙拉，淋上沙拉酱。再点一份高蛋白的开胃菜如塔塔风味的三文鱼作为我的主菜。这个办法很适合用来品尝菜单中的新菜品，能满足自己的食欲又不至于吃太多。

2. 过量碳水化合物。虽然我不爱吃面食，但我爱吃比萨。作为补偿，我会在吃完一两块比萨之后，再加上沙拉和一份蔬菜（如西蓝花、炒菠菜或蒸菠菜）来配合。点比萨的时候我会避开配含糖的碳酸饮料，而是来一杯红酒，或是不加糖的冰茶或者柠檬水。

3. 高糖食物。一定要看标签！人人都知道要避开加工食品中高果糖的玉米糖浆和一部分氢化油，但白糖也好不到哪里去。如果你认真观察，会发现糖无处不在，包括大部分面包、饼干、意面调料中都有。事实上，绝大部分包装食品，即使是你觉得不是甜食的东西，都是高糖食物。我们的身体并不需要这些添加的糖分，所以无论何时我都竭力避开它们。一些花哨的有机品牌会用蔗糖汁来代替糖，但别上当，那也是糖！

4. 高盐食物。尽可能少吃盐。盐分会让你不仅是肚子水肿，眼睛和面颊鼓起来，对血压和心脏也坏处颇多。和高糖食物一样，许多包装食品和加工食品都加入了很多盐分。要检查成分表，选择低盐食物，在餐馆点餐的时候，记住告诉服务员让厨师少放点盐，自己做饭的时候也少放点，毕竟还有这么多其他香料和调味料可以选择。

5. 任何一种奶油。虽然没有多少食物会上我的黑名单，但奶油酱绝对是其中之一。它好吃吗？毫无疑问。你需要它吗？并不。奶油酱里充斥着饱和脂肪，热量高得吓人，既有损心脏健康，也会让身材走形。那么在享受一顿健康、均衡、令人满足的大餐时，有可能一口奶油酱不吃吗？绝对可以！我对奶油酱没有特别的偏好，所以对我来说，这并不困难。而且，让我一下子吃两口堆满奶油酱的食品，这也不是我的风格。我宁愿吃一整盘配蔬菜的蒸鱼或者烤鱼，而不会选择吃一口加奶油酱的意面。

准则三：寻找替代性满足！

所有人都需要满足感。诀窍就是保持开放的心态去尝试陌生的食物，同时不要害怕找新的食物代替你之前认为不可缺少的食物。随着你开始寻找可替代的食品，给自己充足的时间去尝试这些全新的天然食物，注意留心它们是如何让你的饱腹感更强，身心更平衡的。你的想法也会随之做出调整。

培养健康的饮食习惯最好的方法就是调整你现行的饮食结构。我发现这种做法可以有效地避免那种必须和最爱的事物诀别的情绪，也是保证充分的满足感的好办法。例如，几年前我开始摄入更多的全谷物来取代面食。我最喜欢的改变包括：

黑米（取代大米）

全麦意面（取代白面条）

橄榄油（取代奶油，从做土豆泥到煮蔬菜或者烘烤食品，全部都使用橄榄油。几乎任何需要用到奶油的菜肴都可以用橄榄油来代替，味道棒极了，对心脏也益处多多）

香料（取代盐，比如几颗大蒜就有不凡的表现）

黑荞麦蜂蜜（取代白糖）

加核桃和水果的传统燕麦（取代格兰诺拉麦片和盒装麦片，即便是有机品牌，可能也添加了蔗糖或者对食物进行了过度加工）

红薯（取代土豆）

高品质黑巧克力（取代糖果条或者用奶油和面粉做的点心；从牛奶巧克力逐渐转向含 55% 可可的巧克力，当你开始喜欢这种新的口感，可以逐渐升高可可的含量）

用盐和橄榄油调味的爆米花（取代薯条。如果店里没有卖，可以自己准备这种快速、便宜且高纤维的零食）

下一章你会发现可选择的健康食品的完整清单。现在首先要找到你想避免的含高饱和脂肪或高糖的食品。总的来说，最重要的是避开面食和白糖，少吃加工食品。每个人对食物的满足感都各不相同。我会给你一些建议，帮助你发现既能让你快乐和满足，同时又不会影响口感和进食乐趣的食物。

替代品可以帮助你培养健康的饮食习惯，而不用节食挨饿。绝对不要低估了这些微小变化的重要性，它们能让你的身体得到更好的照料。对你的身体来说，积少成多会带来巨大的转变。我并没有让你只喝不含糖豆奶或脱脂奶和一点点黑巧克力，而不要喝咖啡，或者只吃全麦面包，不吃三明治。并不是非要这样，才能达到你的美丽芭蕾目标。你不用靠整天吃沙拉和蔬菜或者喝榨汁来达成所愿。我会吃肉、奶酪、全麦意面和巧克力，也会有规律地饮酒。但我在喝咖啡或者吃麦片的时候，也会尽量去选择脱脂或低脂牛奶来搭配，我吃烤薯条而不是炸薯条，假如我没时间做满一个小时的运动，我会挤出 15 到 30 分钟来做。

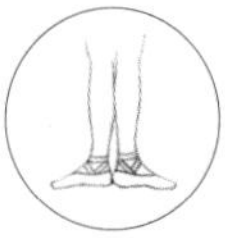

警惕甜饮!

记得保持水分摄入的重要性吗?你的身体可能会分不清口渴和饥饿的感受,而保持水分充足的方法是喝水。一整天我会喝很多水,同时避开甜饮和碳酸饮料,无论含不含糖。甜饮中充斥高卡路里,我宁愿在饮食中摄入这部分热量,而且我不喜欢其中的人工甜味添加剂。并且请牢记,健怡可乐对身体并不好,虽然热量减少了,但它是用糖类添加剂做成的,并不健康。杜绝吃这些东西后,你由内而外都

准则四:灵活行事

想要形成一种平衡的令人满足的生活方式,保持充分的灵活性至关重要,消极的心态是你的敌人,会让你失去对生活的掌控感,尤其是面对食物的时候。在我离开纽约芭蕾舞团的整整一年里,我都没有运动过。我有很多关于什么食物好、什么食物坏的错误观念,它们是基于过去的饮食经验和饮食习惯形成的。我在关于能吃什么、不能吃什么上不那么计较后,同自己的身体以及和食物的关系也变得更加和谐且灵活了,我开始学会让自己的饮食选择更灵活多样。我不仅学会了原谅自己偶尔多吃一些,而且我在很短时间内减轻了 10 磅。

这是我学到的重要的一课。在饮食方法上更加灵活让我获得了满足,也让我停止了对冰激凌、巧克力和焦糖的痴迷。我发现当全谷物食品和健康的碳水化合物变成了我生活中的“常客”之后,我对糖分的渴望和摄入量都降低了,体重也减轻了。

会更好。深色的碳酸饮料尤其糟糕，因为里面不仅添加了高果糖的玉米糖浆和焦糖着色剂，还有磷酸，会降低骨骼的强度并对肾脏造成负担。我得过疲劳性骨折，所以我想告诉你这不是开玩笑的。作为女性，在饮食方面要谨慎行事，多摄取一些高钙的食物来增强骨骼，保持强健的体魄，而不要去损害它。

关于食物，有很多危言耸听的话，这些话吓坏了很多女性。许多客户问过我这样的问题："我怎样才能在下午6点之后停止进食？那时候我才下班！"或者，"我需要早点吃饭吗？和孩子们一起？我想等我的伴侣回来一起吃晚饭"。

其实只要你吃的是健康食品，什么时候吃并不重要。假如你晚上8点上床睡觉，你可能不想在6点以后才吃饭。但如果你没有那么早睡觉，晚点吃饭也没关系。我并不是建议你半夜11点吃顿大餐，再来一杯意式浓缩咖啡和一份油腻的甜点，但晚上9点吃饭绝不会毁了你的身材。我总是很晚吃晚餐，毕竟，我生活的城市是纽约。如果我规定自己不要在晚上7点以后吃东西，我可能就没机会和朋友们共进晚餐了，而且我可能还吃不完一顿饭，因为我完全不记得上次在7点前吃饭是什么时候了。

无论你几点吃晚饭，都不要对酒精、糖分和盐分的摄入量掉以轻心。这三种东西无论哪一种，吃太多都会干扰你的睡眠，让你变得水肿，并让你第二天暴饮暴食。

什么时候吃什么最合适，答案因人而异。你需要思考的是如何找到对你而言最好的方案。我个人倾向于每天吃 4 餐：早上 7 点吃早餐，然后将午餐一分为二——比如中午的时候吃半个三明治加水果，然后在下午 4 点到 5 点之间再吃点轻食。晚饭我吃得比较晚，一般在晚上 9 点左右。这意味着我会在晚上 6 点半到 7 点的时候吃点零食，但睡前我基本上不会再吃东西。

如果你在办公室工作，可能就没这么灵活了；假如你是个忙碌的母亲，你可能倾向于和孩子们一起吃。你可以通过感受身体的信号——饱、饿或者刚刚好，来决定何时该吃，该怎么吃，从而保证你一整天感觉很好。

你可能听过这样一个荒诞的说法：一日三餐必不可少，不要吃任何的零食。关于饮食，我们身体所需食物的多少和进食的时间都是各不相同的，没有一个放之四海皆准的标准。每个人的身体情况都不相同，每天的情况也不一样。我有些客户是天生的“草食系”，她们一整天要不停地吃东西才舒服。但这并不适用于所有人，所以关键是找到最适合你自己的方案。

有些饮食计划会将你圈在厨房和家里，远离外面的各种食物。我发现这些计划非常不切实际，因为它们实在太死板了。我会告诉你在餐馆和路上如何饮食，如果你手上没有一份理想的菜单，我也会为你提供一个实用的点菜指南，帮你做出最优选择。

请记住，我的这一饮食方式具有很大的灵活性，它将改变你的生活方式。你需要做的就是思考自己的需要以及如何享受这一切，但别忘了每天都要吃早餐！

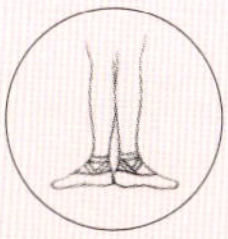

不要害怕碳水化合物！

我曾经一度对碳水化合物心怀恐惧。听别人说吃碳水化合物容易发胖，这让我觉得我也应该放弃它们。2000 年前后，低碳饮食十分风靡。和很多人一样，我也“跟风”这样做。但这期间我也学到了许多关于自己身体运转方面的东西。对我来说，其中最重要的一点是千万不要避开碳水化合物。我发现，无论我想减重还是保持身材（两个目标大不相同——稍后详述），适量的碳水化合物的摄入很有帮助。

不吃碳水化合物以后，我频繁地感到饥饿和暴躁。我开始对甜食产生了难以抑制的欲望，而且因为饮食中缺乏碳水化合物，最后我的体重反而增加了。现在全谷物类食物是我的主食，也是许多我喜欢的菜品的最重要的部分。全谷物食品可以提供长久的能量补给以及丰富的膳食纤维，却不会让血糖猛增。我认为它们对维持苗条的身材、正常的食欲和保护心脏都非常重要。

准则五：既往不咎

我们之中许多尝试节食减肥的人都失败了。因为大多数节食方法虽然能减轻体重，但效果都是十分短暂的，通常最后我们只剩下了一些关于节食和减肥的错误认识。这些方法的问题在于功效不能持续，所以一开始就注定要失败，然后让你陷入减重后反弹的危险境地。

所有的女性都在内疚中挣扎。要想获得真正的快乐和健康，你必须想办法将焦点放在积极的方面，然后尽力做好今天的事情，让明天变得更好。不用再想你昨天逃掉了健身计划，提早吃了油炸食品，午饭的时候加了一块布朗尼蛋糕。健康不可能一蹴而就，培养健康的饮食方法也是一样。

即便你在假期连续两个晚上都吃了甜点，或者在度假的时候连着三天都喝了鸡尾酒，既往不咎的原则依然成立。我能塑形成功并保持体形的奥秘全在于原谅自己：如果你一周错过了2天、3天甚至5天的运动，我会在你准备好了的时候帮助你重新回到日程上来。当你吃了太多巧克力蛋糕或者不假思索地吃光了一袋薯条，灵活行事和既往不咎这两个原则能帮助你继续坚持目标。学会原谅自己然后带着健康生活的目标继续前进，即便是吃了不健康的食物，或者在运动计划上出了纰漏，你也可以在下一顿吃得健康一些，重新找到生活的平衡点。以这种方式善待自己的身体会带来一种真正的自由。它也是让你的身体和食物建立起健康关系的非常关键的一步。

有一段时间，面对食物时我会十分内疚并无法释怀。假如多吃了一块比萨或者放纵自己享用了一块饼干，我会觉得自己“搞砸了”，也会因为前一天吃了一块小点心而在第二天以少吃点东西来弥补。但自从我变得更加灵活也更懂得释怀，我发

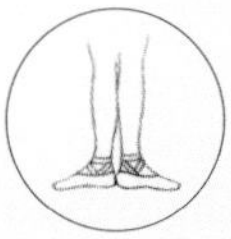

凯瑟琳谈远离极端

现在我不会走极端了。我知道了简单的替换就能够让你的外形和感受都大不一样——吃一块蛋糕并不意味着你这一天就完蛋了。过去我常常一天喝两杯加全脂牛奶的拿铁，每天如此。在玛丽·海伦和我讨论了用豆奶或脱脂牛奶来替代后，我照做了，习惯这种改变。现在我觉得之前的习惯已经没那么重要，我偶尔还是会放纵一下，享受一杯全脂拿铁，不过一两个月才会喝一次，而且不得不说，当感觉更健康、更充实的时候，就吃不下一整块蛋糕了。之前我之所以会有那样的念头，其实正是因为当时我感觉糟糕透顶了。

现保持饮食平衡变得十分简单，我可以停止这种有害的习惯，然后继续前进。随着我学会更加关注自己的身体，我也认识到，一个月有一两次我会渴望炸薯条这样的高盐高糖的食物，但这没关系，吃完之后，下一顿我可以只吃些沙拉，再喝点水或柠檬茶，然后继续坚持我的计划。

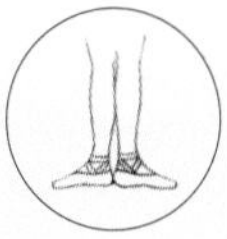

清肠疗法如何？

客户总是问我关于清肠疗法的看法。答案是我没兴趣。我十分努力地想获得一种平衡且健康的生活方式，所以对任何可能的干扰情况都会十分警惕。我认为清肠剥夺了人体对食物主动摄取的权利，反而会导致暴饮暴食。尽管我偶尔会享用蔬菜汁，但我懂得健康饮食的魅力所在，所以我就对它没太大兴趣。在美丽芭蕾课程里，你不用忍饥挨饿，只需专注于摄入天然美味且营养丰富的食物，然后来一次富有挑战性的运动就可以了。满足，而非剥夺，才是重点。

第八章

活出芭蕾之美的食物清单

本章提供了许多能作为替代性的食物的清单，它们简单易寻且有利于减重（如果那是你的目标），也能帮助你活出芭蕾之美。除此以外，还加入了一些购买和储存令人身心满足的食材的小建议，无论是早餐、中餐、晚餐，还是零食和甜点，都“一网打尽”！

天然健康食品：活出芭蕾之美的食物清单

以下的食物清单基本上涵盖了所有的食物大类——含精益蛋白质的肉类、豆类、坚果类，富含膳食纤维的水果、蔬菜，玉谷类和乳制品。还添加了一些甜品选项和健康食品（包括一些乳制品、橄榄油和坚果）。更重要的是，这些食品在附近的杂货店或者健康食品店就能买到，也能用到你的日常饮食中。

蛋白质

以下内容是关于食物的建议和指导。请自由地寻找你的最爱吧！

鱼和海鲜（尽量购买本地出产的新鲜应季海鲜）

三文鱼（最好是野生的）	**比目鱼**
鳕鱼	**旗鱼**
红鲷鱼	**金枪鱼**
扁鲹	**虾**

扇贝

贻贝（我非常喜欢的酒吧菜肴，配大蒜白酒酱料，不要加奶油）

生蚝（我吃生的而非油炸的）

禽畜类的肉

是的，肉类是健康饮食的一部分，可能的话选择有机肉类：

特别瘦的牛肉肉馅

牛柳

去皮的鸡胸肉（有时我会吃鸡皮，后面的食谱中会有相应做法，但适度为宜）

后腰肉

火鸡鸡胸肉

特别瘦的火鸡肉馅

其他蛋白质来源

豆类（黑豆、白豆、斑豆、芸豆、白腰豆、扁豆、利马豆、黄豆、日本毛豆、豆腐等）

蛋类（散养的家禽下的蛋）

坚果奶油（杏仁奶油、花生奶油、腰果奶油等不添加糖或者食用油的有机奶油）

坚果（生核桃、生杏仁、生腰果、无盐开心果等）

乳制品

乳制品中富含丰富的钙质、蛋白质和维生素D，但也可能脂肪含量过高。所以在挑选的时候要小心，坚持选用脱脂牛奶或无脂牛奶。（如果你是素食者，可以从蔬菜尤其是有叶子的蔬菜中获取钙质）

无脂纯希腊酸奶

有机脱脂牛奶

酸奶奶酪

切达奶酪

有机奶酪串（很适合外出时当零食吃）

市面上还有很多其他的替代选择。杏仁奶是我个人的最爱，但豆奶和大米奶也很不错。但要检查一下标签，要选无糖的，因为有些添加糖。

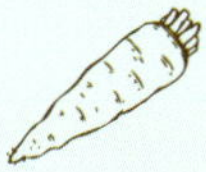

谷物

我喜欢全谷物食品给我带来的长时间体能充沛的感觉，健身时尤其如此。

全麦或添加多种谷物的面包

全麦墨西哥薄饼或全麦三明治

全麦意面或糙米意面

卡姆小麦、藜麦

燕麦麸

全谷物饼干和大米蛋糕（这些是包装食品，这一类食物并不完全是“清洁饮食”，但它们也是膳食纤维不错的来源）

野生稻米

全谷物麦片（包括燕麦片、小麦片、老式燕麦）

有机食品

有机食品很昂贵，但有时候我也会挥霍一下，购买一些不含杀虫剂的食物。重要的是，如果你想将蔬菜或者水果连皮一起吃的话，选择有机食品可以避免摄入有害化学物质。苹果、梨、桃、莓果类、莴苣、芹菜等是我优先选择的有机食物。

蔬菜

我喜欢多用途的容易和其他食材搭配的蔬菜。比如，冬天时很少优质新鲜蔬菜供应，冻菠菜就是很好的选择。胡萝卜、辣椒和羽衣甘蓝，烹饪或生吃都很棒。

菠菜

西蓝花

甘蓝类（羽衣甘蓝、甘蓝以及深色叶子的蔬菜都是非常好的钙质来源，无论是对骨骼还是体形都益处多多）

南瓜

新鲜青豆

芦笋

胡萝卜

茄子

蘑菇

黄瓜

山药或红薯

洋葱

辣椒（绿色、红色、黄色）

芹菜

绿皮黄瓜

西红柿

莴苣类蔬菜（可能的话选择有机的，各式品种都可以选择：长叶、芝麻叶、奶油叶，或者多种混合，只要你喜欢！但要避开卷心莴苣，它的营养价值没有其他绿色蔬菜高）

水果

挑选水果时，记住应季的永远是最好的！

蓝莓

树莓

草莓

香蕉（适量，因为香蕉含糖量较高，越成熟糖分越高）

牛油果

猕猴桃

梨

葡萄柚

苹果

橙子

李子

热带水果（如新鲜杧果、木瓜、菠萝）

西瓜

桃（尤其是黄桃）

香料

使用调味香料可以让菜品的口感更丰富，同时避免摄入过量的食盐。以下香料是我的最爱，但还是要依你自己的喜好来使用。香料的口感都别具风味，都可以试试，但不要强迫自己吃自己不喜欢的口味。而且请记住，这些都只是建议而已，你不用每次都带着这个清单去逛杂货店，虽然新鲜香料可以给食物和菜品增添一种特别的口感和味道，但并不一定买得到。不过许多高品质的干香料还是很容易买到的，它们能让你的菜肴焕发活力！

芫荽

姜

大蒜

红辣椒

红辣椒粉

迷迭香

小茴香

柠檬胡椒

西芹

孜然芹

新鲜罗勒叶

佐料和调味品

以橄榄油、醋和一点法式芥末做底料，你几乎可以制作出任何一种调味料。

特级初榨橄榄油

菜籽油

意大利黑醋

法式芥末（第戎）

不加奶油的蔬菜酱或豆酱，如特芙娜橄榄酱、鹰嘴豆泥和茄泥酱

深色蜂蜜（荞麦蜂蜜是我的最爱）

红白葡萄酒醋

鲜柠檬（在肉排或烤鸡上挤上一点会很美味）

枫糖浆

脱脂纯酸奶（制作健康草本口味的酱料时用作底料）

脱脂纯酸奶制作的小茴香调味料

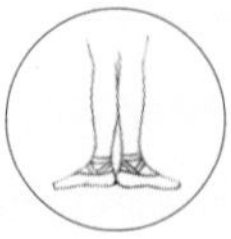

以健康的方式提升食物的口感！

不要买许多包装好的沙拉酱或者含饱和脂肪、糖分以及一长串没法看懂原料的调味酱，尽量自己做酱汁，比如往纯酸奶里加点香草就是一份简单美味的调味酱了。而一份简单的法式香醋在不增加太多热量的基础上，能让鱼变得非常美味。以下是我非常喜欢的两种酱料，而且很容易制作。

简易酸奶酱

它是鹰嘴豆泥酱的绝佳替代品，可以蘸新鲜蔬菜吃，也可以代替蛋黄酱放进三明治里。往一杯无脂或低脂希腊酸奶中倒入半个柠檬的汁液、一点黄瓜碎末、一点蒜末，以及你喜欢的新鲜香料，也很美味。

法式香醋

配鱼类或者蔬菜沙拉，都非常美味！

将等量的特级初榨橄榄油、枫糖浆和法式芥末混合在一起。加入一点新鲜辣椒末和大蒜末，搅拌均匀。

饮料

温泉水（自己制作也花不了太多时间，而且是一件趣事：往一个漂亮的装有纯净水的玻璃杯里加入冰块和鲜柠檬或黄瓜片）

苏打水

有机咖啡或茶（我喝含咖啡因的茶，也喝草本茶，但我会避开去咖啡因的茶，因为担心去除咖啡因的环节有问题）

红酒（适量饮用）

即食食物和包装食品

尽管“干净饮食”意味着不要考虑即食食物和包装食品，但我还是相信一切适度就好。下列食物是我的常备选项，不仅健康而且方便准备。在家里储存一点这类食物，可以让你轻松地拒绝快餐和外卖。注意下列食品中包含了一些冰冻水果和蔬菜，如果找不到应季的品种，冰冻的种类也是很好的替代品，但一定要检查包装和商标，确保你买的是原生态产品，而不是添加了糖精或食盐的。说到盐，以下菜单中的某些食物是非常咸的，所以还是适量食用为好。

水泡或橄榄油泡的长鳍金枪鱼罐头

低盐有机罐头汤［尤其是有机健康谷牌（Health Valley Organic）的无盐或低盐产品，如扁豆汤和混合蔬菜汤］

罐装或瓶装的希腊橄榄或意大利橄榄

瓶装洋蓟果

瓶装烤辣椒

醋渍小黄瓜（作为晚餐前的开胃菜）

全谷物无脂肪饼干（比如瓦萨薯片和卡瓦里黑麦饼干）

糙米蛋糕

苏西牌多谷物薄糕

冰冻蔬菜（青豆、利马豆、菠菜、西蓝花、胡萝卜）

冰冻水果（冰沙上撒的浆果）

做好的意面酱和饺子酱（多买一点，放进冷冻室）

有机低盐的肉类熟食

三姐妹牌有机燕麦

半去皮的橄榄油爆米花

绿黑牌有机黑巧克力（可可含量 60% 或更高）

关于烹饪和餐食准备的建议

正如你所看到的，我的食物清单覆盖了不少种类的食品，我尽量选择新鲜天然、营养丰富且烹饪过程不会太麻烦的食物。一切从头开始太不现实了，而且美丽芭蕾的目标是帮助你获得一种健康且可行性强的生活方式。所以，当我真的要选择包装食品的时候，我会仔细阅读标签，确保它们和我的饮食计划中的天然食品一样，包含了丰富的膳食纤维和营养元素，同时盐、糖和不健康脂肪含量都很低。

我的食品清单上的大部分食物都很方便准备。总的来说，对于肉类，我的处理方式是烤和煎。我听从了母亲关于烤箱的使用建议：夏天尽量不要用它，因为厨房已经很热了，烘烤的做法更适合寒冷的冬季，那时你会很高兴让房子里暖和起来。至于省时，没有什么比得上蒸蔬菜了，且营养价值也高。煎炸的

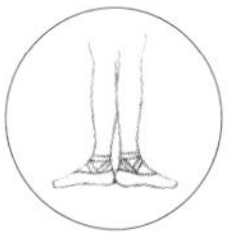

分量控制

在调整饮食计划的时候，有很多控制分量的小窍门可以参考。我的最爱是用小碟子或小碗盛零食，绝不要直接就着包装盒或包装袋吃。这种做法确实很管用。吃甜品时，会把其中少量的姜味饼干和一块黑巧克力放到茶杯里，然后再把里面的浆果倒进一个大一点的碗里。这种做法能有效防止无意识地进食，也能提醒我关注自己吃下去的分量，而不至于吃太多。如果我想再来一份甜品，我会非常小心，斟酌再三。

方式很快，但很容易吸油，尤其是有些吸收性很强的蔬菜，比如西蓝花或者蘑菇。烧烤时，如果烧烤架已经很热了，我总会放点蔬菜在旁边烤，以节省时间。

我试图在去餐馆吃和在家做饭之间找到某种平衡，比如如果午餐吃了一个三明治或面包圈的话，晚上我就不会再选择全麦意面了。我会倾向于来一盘含有精益蛋

采购建议

采购食品时，我总是先去拿新鲜食品填满购物车，然后再去找别的。

第一站——农产品。把购物车里堆满水果和蔬菜是健康饮食的完美开端。为了让我的工作日过得更轻松一些，我会挑选诸如预先切好了的青菜、迷你胡萝卜（将其配上鹰嘴豆泥是我最喜欢的午后或晚餐前的零食）、去皮大蒜，以及包装好的有机沙拉。我也喜欢苹果、梨、小橘子、李子，以及能放进包里，出门在外可以享用的水果。相比脐橙，我更可能会买容易剥皮的橘子。这考虑到简单、快速和新鲜的原则。

第二站——全谷物。我喜欢全谷物给我带来的长时间精力充沛的感觉。碳水化合物也是好东西，记得吗？如果配上一点蛋白质和健康的油脂，能更好地满足我的需要，比如在早餐的燕麦中加点坚果，吃薯片时蘸点天然花生奶油，又或者给全谷物吐司配上几片牛油果。

白质的沙拉或绿色蔬菜，反之亦然。如果没有时间去煮糙米，我会做藜麦，或做蒸土豆或烤土豆。换句话说，为了实现每天的目标，我在准备食物方面也遵循灵活行事的原则。

第三站——高品质蛋白质。我最喜欢有机鸡肉、蛋类（我会在冰箱里放上一些水煮蛋，做沙拉的时候可以配上一点，准备餐食时如果感到饥饿，也可以先垫一垫肚子）、红肉精肉块、野生三文鱼、小扁豆汤、豆类，以及像脱脂酸奶、低脂希腊酸奶这样的早餐食品。

别忘了健康油脂类！每天吃点不同种类的橄榄油、坚果和牛油果是获得满足感的关键。

往购物车里添加少量高品质的休闲食品。放纵自己吃点黑巧克力是我每日的乐趣所在，你现在应该知道了目前我最喜欢的是绿黑牌可可含量为70%或85%的黑巧克力，而且我特别喜欢吃奶酪——乌苏里拉奶酪、切达奶酪，以及蓝纹奶酪。活出芭蕾之美并不意味着放弃这些美味的奶酪（我对三重奶油芝士很着迷），但要注意在适量享受这些乐趣的同时活出芭蕾之美，这绝对可以！但与此同时，适度以及灵活行事非常重要。

我最喜欢的零食和餐饮

早餐（绝不可少的一顿！）

我试图以一杯鲜柠檬绿茶开始新的一天，但是我经常喝的还是加脱脂牛奶的咖啡。

我喜欢的早餐是老式燕麦加核桃，混合一点干果脯。选购食品的时候，我会拿一些不加糖的干浆果和梅子放进购物车。

午餐

新鲜绿色蔬菜沙拉加乌苏里拉奶酪和西红柿，或烤三文鱼，再配上全谷物饼干或一份全谷物皮塔饼和鹰嘴豆泥。我的调味酱是用橄榄油和食醋或一点鲜柠檬汁调配而成的。

午餐后我喜欢吃点新鲜水果，再来一杯热茶或热咖啡。

零食

根据不同的饥饿程度，我会选择以下一种作为下午的零食：

一块水果配点生杏仁或腰果；

一碗加橄榄油和少许食盐制作的新鲜爆米花，配一个橙子或当季水果；

一些全谷物饼干如瓦萨薯片配酸奶芝士酱；

嫩肉桂吐司配花生奶油（也适用于早餐或午餐，配新鲜水果）；

干果脯，尤其是自然甘甜的浆果和梅子。

晚餐

无论何时我都喜欢吃新鲜沙拉和大量蔬菜，尤其是在夏天。

我的最爱是烤鸡肉配沙拉和即食蔬菜，如炒菠菜或蒸菠菜。工作日的晚上，我会去超市如全食超市买一只做好了的鸡。周末如果有空，我可能会亲手做烤鸡或猪里脊肉，配上红薯、洋葱、大蒜和芹菜。

如果需要选择一些素食，我会考虑富含蛋白质的，特别是如果下午要运动的话。豆类和藜麦是获取蛋白质的好办法。我的哥哥约翰发明的素食辣椒配大份沙拉和炒蔬菜是个很棒的选择。（食谱见第 245~255 页）

在外面吃饭

去餐厅吃饭时如果要少吃真的很有挑战性，因为那里的食物总是很诱人，但无论你在哪里进餐，灵活行事和准备充分的原则将会帮助你保持美丽芭蕾提倡的生活方式。学会在外面健康地吃饭是一种技能，但不难学习和应用。

饭前不要喝含糖的鸡尾酒。点一杯红酒或者喝苏打水好了。晚餐前的甜饮（加果汁或碳酸）会让你倾向于吃太多。如果你想来一杯鸡尾酒，准备一些苏打水加点伏特加，再放几片酸橙。

1. 先来份沙拉：一定要最先吃沙拉，最好不要加餐厅准备好的沙拉酱，而是单点一份橄榄油和食醋。在牛排店里点生菜沙拉时，常常会用到这个办法：配调料的时候选择蓝纹奶酪而不是蓝纹奶酪酱，然后点沙拉的同时要点橄榄油和食醋。我很享受绿色蔬菜的清新，还有蓝纹奶酪浓郁的口感，它不会让我有吃了厚厚的奶油酱的罪恶感。我可以按自己的方式来吃沙拉，同时享受每一口的美妙滋味。

2. 少放盐：这个小诀窍改变了我对餐厅食物的认识。许多厨师喜欢往菜肴里加盐和许多不必要的含钠物质。在外面点餐的时候，让服务员告诉厨师少放盐和奶油。大多数餐馆油盐的使用量让我吃惊。

3. 别放调味酱：如果你点的菜肴里面包含调味酱，除非是意面，其他都可以让厨师单配在菜肴边上。如果是奶油酱，让他们就不要端上来了，或者换成意大利番茄大蒜调味酱。

4. 如果有担忧，点炙烤菜品：想要享受你最爱的肉类和鱼类，用火烤总是最简单的办法，同时也解除了你的心理负担。

5. 别点面包和薯条：没有它们你也能活得好好的。如果你的菜肴非要配面包，可以点全谷物面包，然后用橄榄油代替奶油。橄榄油会给你带来味觉上的满足，让你不至于食欲太旺盛。

6. 点菜的时候要一杯水：保持身体有充足水分，能降低饥饿感。

7. 注意分量: 尝试用开胃菜配沙拉做你的一顿餐食，或者和别人分享一道主菜，这样既省钱，又减少了卡路里的摄入。

8. 远离甜点：非吃不可的话，来一杯草本茶或无咖啡因咖啡，然后配上一点浆果或果汁冰糕。我通常会等到回家后享用我最爱的黑巧克力。

9. 使用替代物：记住是替代而不是剥夺。如果问服务员的话，你通常会找到一种美味但更健康的替代物。早午餐的时候我常常点炒青菜配蛋类而不是培根。把替代性满足的原则用起来！

旅行和美食：一对冤家

在外面吃饭或者旅行用餐时，人们往往很难做出正确的选择，因为好吃的东西太多了。我常常觉得，继续坚持那一套适合我在家的饮食习惯，让我在旅途中也能展现最美最快乐的自己。旅行和坐飞机让人很容易缺水。旅行的日子我总是尽量喝更多的水，以补偿流失的水分。我也会确定自己是因为饥饿而想吃东西，而不是疲惫和口渴的错觉。

旅途中，早餐的选择最容易让人迷惑，因为酒店自助餐和菜单提供了让人眼花缭乱的菜品选项。除非特殊情况，否则我一般不会因为旅行而对自己的饮食习惯做出巨大的改变。这让我得以将体重保持在稳定的水平，同时避免血糖急速升高所带来的负面影响。同样的原则也适用于运动健身：不能因为住酒店就放弃训练，要根据周围的环境对运动做出调整。我常常会选择低脂纯酸奶加上生杏仁（从家里带的）作为蛋白质的来源，再配上一些新鲜水果和一片全谷物吐司。警惕有不同口味的酸奶，因为大多数都含糖分，有时候甚至含玉米糖浆。新鲜的水果和水煮蛋是很好的选择。当然，还有咖啡或茶！

我通常会避开用肉类（高盐）和果汁（高糖）作早餐，而选择粗谷物、酸奶和当地新鲜的水果。旅行的时候，美味且营养丰富的带水果的早餐，让我能精力充沛地进行晨间美丽芭蕾运动，这种力量感会持续到中午。至于午餐和晚餐，我会去寻找新鲜沙拉和大量蔬菜，再配上富含蛋白质的肉类如鸡肉或鱼肉。我也会单点调料或酱汁，以控制摄入的分量。

旅行中最大的困难在于它的未知，但以上这些小窍门会对体重的保持有很大帮助。

美丽芭蕾的健康生活方式帮助你增强体能，获得满足感，并促进新陈代谢给你的力量和体形带来奇妙的变化。

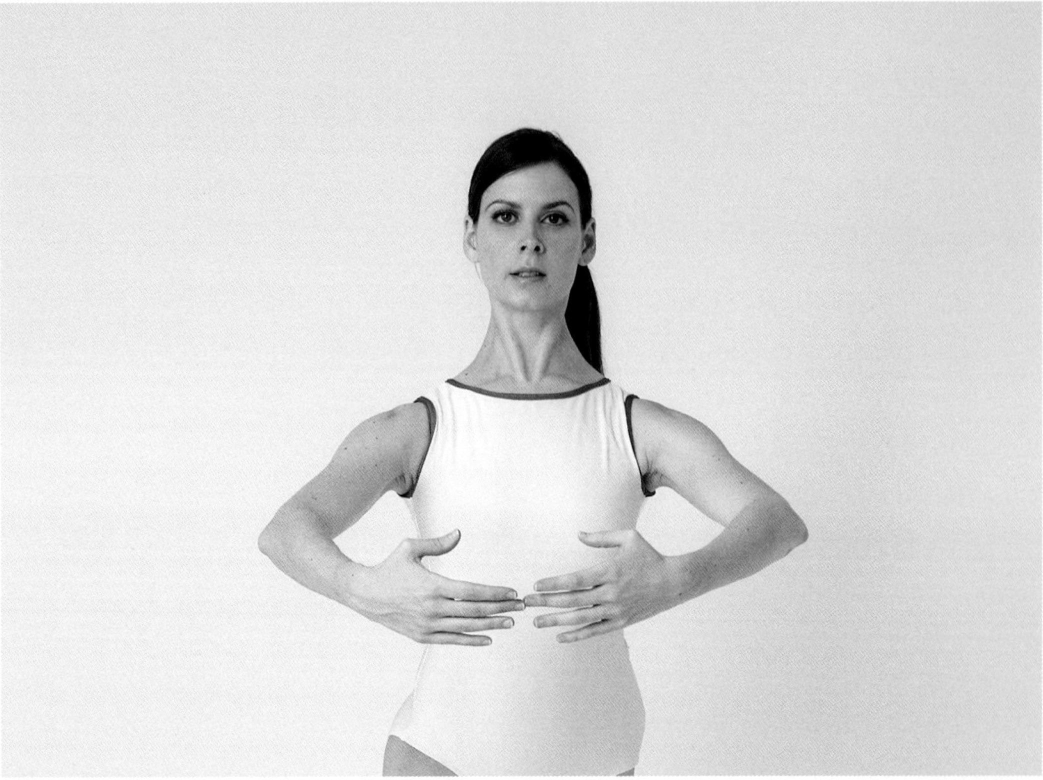

第九章

美丽芭蕾一周饮食计划

美丽芭蕾的一周怎么度过

此前我们谈到了许多在饮食中寻找平衡与满足感的办法。对我来说，无论是正餐还是零食，全谷物搭配健康脂肪、蛋白质和新鲜蔬果是很重要的。本章会告诉你如何利用美味健康的食物让你的生活焕发生机，同时帮助你思考如何少吃多餐，找到替代性的选择，以及关注自己的感受。

以下的内容是7日的饮食，烹饪起来都十分简单方便。我也加入了不同难度（高、中、低）的运动训练，这样你就可以开始设想如何将美丽芭蕾的生活方式融入自己每天的生活了。

尽管我倾向于每天吃一样的早餐，但是我也提供了一些其他的健康的选择，让你精力充沛，心满意足。还有要记住，不要不吃早餐！正如我前面提到过的，忙碌的时候我很难抽出时间来准备午餐，这种情况下，我倾向于中午到下午吃两小顿。可以参考一下我的做法，然后根据你自己的需要调整。

晚餐品种最丰富也最有趣。我的确经常在外面吃，但我的“闪电烹饪法”（Flash Cooking Tips）可以帮助你快速准备好简单美味的食品——无论是一个人吃饭，还是和朋友家人聚餐。

7种早餐

1. 老式燕麦配核桃和新鲜蓝莓。这是我训练期间的早餐。如果你出门在外或时间紧迫不方便准备，可以尝试一下三姐妹牌速食燕麦，它是一种很好的替代品，因为不添加任何糖分和防腐剂。同时也要知道，即便是星巴克，也卖燕麦早餐了，这能让你在路上也能好好吃早饭。

2. 两个水煮鸡蛋，一片全谷物吐司配橄榄和半个葡萄柚或一个橙子。你可以在前一天晚上就把鸡蛋煮好以节省时间。

3. 无脂希腊纯酸奶配核桃和 5 颗去核的干梅子。

4. 一块全谷物英式松饼配酸奶奶酪和新鲜浆果。如果你赶时间，可以用铝箔纸打包带走——现烤松饼的热量会让奶酪融化，好吃极了！

5. 威特那麦片加生杏仁和树莓。有时候我也会再加一点老式燕麦混合。

6. 一片全谷物烤面包或一个全谷物面包圈配半个牛油果，再涂些橄榄油，撒上盐和红胡椒粉。

7. 两块糙米饼或瓦萨薯片配新鲜花生酱或杏仁酱和一个苹果或梨子。虽然我不提倡早餐吃饼干，但如果你真的赶时间，这份早餐绝对管用！

7 种晨间零食

我不是每天早上都吃零食，这取决于我多早起床。

以下是饥饿来袭时我的一些无负担的零食。

1. 一片水果和茶。

2. 一些生的不加盐的坚果。

3. 全谷物饼干或生蔬菜配鹰嘴豆泥。

4. 一个牛油果配上加橄榄油和盐的藜麦。

5. 半块小麸皮松饼配茶。

6.3 块苏西薄饼配一杯杏仁奶或脱脂奶。

7. 半个全麦皮塔饼配低脂山羊奶酪和蜂蜜。

7 种午餐

午餐我喜欢喝素食汤或者吃一大份沙拉，夏天的时候我会把辣椒汤换成西班牙凉菜汤。

1. 一大份蔬菜沙拉，里面包含烤鸡肉、西红柿、新鲜蘑菇、红辣椒和全谷物饼干（早上运动过后能很好地补充蛋白质）。

2. 菠菜沙拉，里面包括烤三文鱼、黄瓜、西红柿、红洋葱和一份全谷物小卷。

3. 扁豆汤配一个苹果或梨和酸奶奶酪。

4. 素辣酱配蒸青菜。

5. 全谷物烤面包或半个全麦硬面包圈配天然花生奶油和一块水果。

6. 两个鸡蛋炒洋葱、西红柿，一份蔬菜沙拉和几片全麦吐司。

7. 普罗旺斯杂烩配藜麦。

7 种下午零食

1. 一个有机苹果配一些生杏仁和一块黑米糕。

2. 芹菜和胡萝卜条或全麦片配鹰嘴豆泥。

3. 5 到 10 个橄榄配小西红柿。

4. 爆米花配盐和橄榄油，以及新鲜水果。

5. 一个水煮蛋和小西红柿。

6. 烤无盐干花生和 5 颗去核的干梅子。

7. 前天晚上吃剩下的蔬菜。

7 种晚餐

我会把不同的菜品混搭在一起，避免某天午餐和晚餐吃一整份沙拉或者喝两次汤。

1. 一份主菜大小的沙拉，里面包括生菜、西红柿、牛油果和橄榄油金枪鱼罐头。

2. 烤鸡肉配新鲜蔬菜沙拉（蘑菇、牛油果和蒸西蓝花）。

3. 烤三文鱼配蒸蔬菜或炒蔬菜，红薯和一小份沙拉。

4. 以橄榄油、柠檬汁烤蔬菜配一份新鲜的西红柿牛油果沙拉。

5. 全麦意面配新鲜西红柿和西洋菜心，以及一大份蔬菜沙拉。

6. 伦敦烤肉（配烤洋葱、南瓜、绿皮黄瓜）和蒸芦笋。

7. 蔬菜汤配蒸西蓝花和藜麦牛油果沙拉。

7 种甜品

1. 约 56~85 克高品质巧克力条。

2. 一碗新鲜浆果或水果，浇上酸奶。

3. 一杯杏仁奶和新鲜水果冰沙。

4. 肉桂烤苹果和核桃。

5. 几口最喜欢的奶酪配红酒。

6. 两到三块全麦饼干配脱脂牛奶或杏仁奶。

7. 一些姜汁饼干配热草本茶。

示范运动——一份塑造美丽芭蕾体形的指南！

无论你的体质如何，以上的餐食都是美丽芭蕾课程的完美搭档。现在我会告诉你如何将第二部分的运动同健康的饮食习惯结合起来，让你更有效地塑造美丽芭蕾体形。

以下主要分为三类：理想强度的一周（训练 5~6 天），中等强度的一周（3~4 天），和低等强度的一周（1~3 天）。我们都很忙碌，所以许多人会从理想强度变为中等甚至低等强度，然后再跳回去。记住：即便有些时候你没坚持运动，但还是要坚持健康饮食（如第八章的食物清单所示）和美丽芭蕾的生活方式，用美丽芭蕾的准则去指引你和帮助你。当你时间更充裕的时候，可以恢复运动，让成效最大化！

理想强度的一周

尽管我们并不是生活在一个理想的世界，但美丽芭蕾可以帮你拥有理想的一周。这些运动如果坚持两到三个星期，一定会有物超所值的成效！

5~6 天：每天练习 60 分钟经典美丽芭蕾课。我自己做的就是这一种，它有效改善了我的体形，让我强大而优雅。

或：3 天练习经典美丽芭蕾课，另外 2~3 天练习一套完整的芭蕾爆发课。

中等强度的一周

3~4 天：每天练习 60 分钟美丽芭蕾经典课。

或：2 天 60 分钟美丽芭蕾经典课；1~2 天练习一套完整的美丽芭蕾爆发课。

低强度的一周

5 天：每天练 15 到 30 分钟美丽芭蕾爆发课。即便你没什么时间运动，我还是建议每天做一点，既能保持身体的运动状态，同时能帮助你专注于目标的达成。时间真的不够的时候，一星期 4~5 天，每天做 15 分钟的爆发运动也是一个保持状态的好办法。如果你一周只能抽出两天时间来训练，可以试试两组 15 分钟的爆发运动。即便这样也能提醒自己保持强韧的状态。如果你能保证每天 30 分钟的运动时间，那就再好不过了！

说完了健身，现在让我们来讨论一下在美丽芭蕾厨房要做的事情吧！

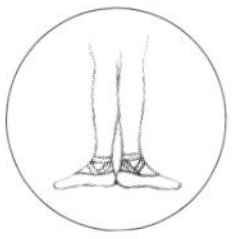

艾米谈美丽芭蕾

艾米说："我有个小家伙，所以我整天都忙得筋疲力尽的，每天拿出一个小时来健身对我来说真的很困难。但是在美丽芭蕾的课程中，我可以选择 15 分钟的课程练习。这些爆发运动让我能量充沛。状态不佳的时候，我一般会做两次爆发运动，然后做拉伸，总共持续 30 分钟。每次做一组爆发运动或者经典运动的一部分，且坚持每周做 5 天，这对我来说是可以坚持下来的。它让我获得了很多自信。"

以下是艾米某个星期的健身日程：

星期一：美丽芭蕾有氧爆发系列，如果还有多的时间再做一组天鹅臂系列。

星期二：美丽芭蕾屈膝系列，有时间再做一组有氧爆发系列。

星期三：美丽芭蕾经典臀桥和反式臀桥系列。

星期四：经典课中的下腹部运动或爆发课中的迎风展翅式下腹部运动。

星期五：经典课大腿内侧和外侧系列以及天鹅臂系列。

美丽芭蕾食谱

一个人吃饭的时候，我总是快速做一些简单新鲜的菜肴。我不是厨师，也没有受过专业的烹饪训练。我的确热爱美味的食物，也享受用新鲜健康的美食慰劳自己的感觉，尤其是在辛苦的运动之后！如何在忙碌的日子里也能享受营养、丰富、有趣且不会造成负担的食物，我有两个办法：

工作日的“闪电烹饪法”：利用健康的熟食、本地出产的新鲜蔬果可以快速地准备好食物。

健康的自制餐食法：时间更充裕的时候，我会亲手制作一些新鲜美味的健康菜品。

“闪电烹饪法”食谱

我很擅长快速烹饪，而且也鼓励所有的客户学会这一简单的技巧。无须花费数小时在厨房里忙碌，“闪电烹饪法”能让我在家里快速吃上低卡路里的便宜菜肴。我会严格遵守自己的饮食原则，并且使用预先准备好的健康食品，如有机烤鸡或新鲜的全麦意大利水饺，再添上新鲜蔬菜，我可以很快地做好一份蔬菜沙拉或蒸菠菜。以下菜品是我最喜欢的一些易烹饪的午餐和晚餐选项。

有机烤鸡配蔬菜沙拉

你可以利用厨房里的很多食材制作一份蔬菜沙拉，如番茄、胡萝卜、芹菜，并加入葵花籽增添咀嚼感。配餐准备一份苹果或梨子切片，再加上切达奶酪，这份健康菜肴就准备完毕啦！

蔬菜沙拉

2~4 人份

供 2 到 4 人享用的绿色生菜	**盐**
1/2 杯碎番茄块或一些洗好的小番茄	**现磨胡椒粉**
2 棵芹菜，6 个小胡萝卜（切丁）	**1 个鲜柠檬**
一大勺烤葵花籽	**2 个苹果或 2 个梨的切片**
无盐橄榄油	**切达奶酪切片，作为配菜**

1. 把做沙拉的食材放进一个大碗里混合，加入橄榄油、盐和胡椒粉搅拌均匀。把柠檬汁挤在沙拉上。再次拌匀，然后上桌。

2. 烤鸡切片，分成 4 份放在盘子里。配上苹果或梨和切达奶酪。

注意：我要吃鸡皮的话就不吃奶酪，反之亦然。

全麦意大利水饺配炒菠菜

4人份

一袋新鲜全麦意大利水饺（或者你自己喜欢的品牌）

一罐在本地杂货店或市场购买的新鲜番茄酱（记得检查标签，避开添加糖以及高盐的产品）

帕尔玛奶酪，作为配菜

2袋有机冷冻菠菜或1盒有机胡萝卜

几瓣蒜（如果真的赶时间的话，买已经剥好了的蒜。尽管味道没那么好，但也可以用，而且节省了很多时间）

1. 煮熟水饺并滤干水。浇上番茄酱汁。把帕尔玛奶酪放在最上面，然后上桌。

2. 开中火，用橄榄油炒蒜直至焦黄。加入菠菜，炒至菠菜变热变软。撒上现磨胡椒粉。

将沙拉当成主菜！

快速、健康、美味的一盘沙拉是最好的闪电餐！一个碗里容纳了你所有的需求：蔬菜、维生素、抗氧化物质、精益蛋白质。忙碌的时候，主菜沙拉是我非常喜爱的食物之一，而且它对塑形也大有助益。如果你往冰箱里塞满了美丽芭蕾清单里的食品，做一份简单方便的沙拉的食材便唾手可得了。以下的菜谱是一个好的开始，如果你想发挥一下自己的创意，可以首先从一些基本的绿色蔬菜和富含精益蛋白的肉类（如鸡肉或鱼肉），以及一份由食醋和食用油简单调配而成的沙拉酱（油醋比 3 ∶ 1）着手。

金枪鱼牛油果沙拉

2~3 人份

我喜欢又甜又咸的沙拉。它非常适合工作日晚上当主菜，或做夏天的午餐。蛋白质、膳食纤维和健康脂肪融为一体，能帮助我的身体从高负荷的运动中恢复过来。而且，食材在任何市场都很方便买到，也很好储存！

1 盒有机混合蔬菜或菠菜

1 个橄榄油意大利金枪鱼罐头

1 个牛油果

2 根小黄瓜，切片

1/4 杯水果干，切片（任何种类都可以。如干莓果、葡萄干，甚至是干梨片）

12 颗生杏仁，切片

现磨胡椒粉

意大利黑醋

橄榄油

1. 把蔬菜放进一个大碗里，再把金枪鱼放在蔬菜上。

2. 加入牛油果切片，再放上黄瓜、水果干和杏仁。

3. 撒入现磨胡椒粉和意大利黑醋。搅拌均匀，配上涂橄榄油的现烤全谷物面包，上桌。

辣椒洋葱炒鸡蛋和沙拉

2~3 人份

吃得晚的时候，我很喜欢这份菜肴。它让人有满足感，做起来简单快捷，不会太费时间。做蔬菜炒蛋的时候，你有很大的发挥空间。我会加辣椒和洋葱，但其实冰箱中的任何蔬菜几乎都能和鸡蛋搭配得很美味，包括西红柿、蘑菇、南瓜，甚至是新鲜罗勒叶。

半个甜洋葱

1 大勺橄榄油

2 个辣椒

6 个有机鸡蛋

现磨胡椒粉

几片蔬菜叶

1 个番茄，切碎

意大利黑醋

1. 将番茄切碎，开中高火用橄榄油煎炒。辣椒（最好是有机的或当地产的）洗干净，去籽，切片。调中火，打入鸡蛋。撒胡椒粉调味。

2. 另外准备一个碗做蔬菜沙拉，蔬菜上放入切碎的西红柿（再次提醒，最好是本地的）。冬天的时候你可以用梨或者橘子类，切成片。淋上橄榄油、意大利黑醋和辣椒。搅拌均匀。

可快速烹饪出的午餐食谱

以下是我非常喜欢的几种健康方便且令人满足的午餐。注意前一天晚上没吃完的健康食物第二天会派上大用场，同时帮你节约很多时间。

新鲜乌苏里拉奶酪加西红柿和水煮蛋

2~3 人份

我很喜欢工作日吃这份沙拉，它美味清新，饱腹感很强，是一份完美的轻食午餐！

1 棵新鲜有机奶油叶生菜

4 片新鲜罗勒叶

1 个自然成熟的有机番茄

1 根大葱

2 个水煮蛋

约 113 克新鲜乌苏里拉奶酪

1 大汤匙橄榄油

1 大勺意大利黑醋

盐和现磨胡椒粉

2 个全谷物英式松饼

1. 生菜和罗勒叶洗净摘好放入一个大沙拉碗里。

2. 将西红柿、大葱、水煮蛋和乌苏里拉奶酪切碎加入沙拉碗里，淋上橄榄油和意大利黑醋，撒上一点点盐和胡椒粉。搅拌均匀。

3. 配上烤英式松饼，松饼分成两半，再撒上橄榄油和一点盐，上桌享用。

西洋菜心和小西红柿配藜麦

2~3 人份

这是另一种我非常喜欢的午餐食物，食材可以用剩菜来代替。如果冰箱里没有西洋菜心，可以用菠菜或甘蓝菜来替代，再配上一些小西红柿就能达到同样的效果。

2 杯藜麦（确保使用前先冲洗干净）

1 个牛油果

1 个柠檬

1 大勺橄榄油

盐

做好的西洋菜心剩菜和西红柿

1.锅里放 4 杯水，再加入藜麦。盖好锅盖，火力调小，慢煮直到水煮干，约 15~20 分钟。同时切好牛油果。

2.加入切好的牛油果，半个柠檬的汁、盐和橄榄油。用汤碗盛装，再放上西洋菜心或其他蔬菜。

水煮蛋配全麦吐司和水果

1 人份

这份餐食准备起来方便简单，口感清淡，适合周末当早餐，我也很喜欢拿它作午饭。它既能给你的身体提供充分的能量，又不至于吃得太撑。你也可以用吃剩的蔬菜或酸奶奶酪替代鸡蛋。

2 个有机水煮蛋

一片全麦吐司

当季的新鲜水果（一个苹果、一个梨或者一小碗浆果）

盐和现磨胡椒粉

橄榄油

1. 将鸡蛋去皮。

2. 将鸡蛋放在盘子里用叉子捣碎搅拌。

3. 烤面包，然后淋上橄榄油。配新鲜水果和一杯热柠檬茶享用。

有益健康的自制餐食

以下的一些菜品是时间更充裕的时候我非常喜欢做的菜肴。尽情享受吧！

芥末大蒜鸡和蒸芦笋配黄瓜西红柿沙拉

2 人份

芥末和大蒜给鸡肉增添了丰富的口感，且热量也不高。再加上蔬菜和沙拉，这就是我最喜欢的餐食了！冬天的时候，我会用烤球芽甘蓝或花椰菜和小胡萝卜来代替芦笋，然后把它们放在一起烹饪。

2 块有机鸡胸肉（带皮）

4 瓣大蒜

2 根小黄瓜

3 个中等大小的胡萝卜，洗干净且去皮

意大利黑醋

2 大勺法式芥末

新鲜芦笋

1 个自然成熟的有机番茄

1 大勺橄榄油

现磨胡椒粉

1. 烤箱加热到 204 摄氏度。鸡肉洗好放在微波炉适用的烤盘里，带鸡皮的一面朝上。撒上橄榄油和现磨胡椒粉，然后在鸡胸肉上涂上一层厚厚的芥末。将大蒜捣碎洒在鸡肉上。烘烤 30 分钟。

2. 芦笋在一锅滚烫的开水上蒸上 2 分钟。完成后从煮锅上拿下来，放入冷水中冲洗。

3. 黄瓜、西红柿和胡萝卜切碎，放进一个碗里，淋上橄榄油和意大利黑醋。加入现磨胡椒粉搅拌均匀。

烤三文鱼配西红柿、橄榄、红薯以及蒸菠菜

4 人份

我喜欢吃三文鱼。多吃三文鱼对你的皮肤和体重都有好处。在外面吃饭的时候，我总是会在菜单上寻找三文鱼的踪迹，自己烹饪的时候也爱使用这种食材。

2 个中等大小的红薯

1 个中等大小的甜洋葱

橄榄油

盐

现磨胡椒粉

约 675 克野生三文鱼，有机品种，切成小块

1/4 杯你最喜欢的高品质橄榄（我会用低盐去核的橄榄）

半杯小西红柿或一整个大西红柿，切碎

一盒有机菠菜

1. 烤箱加热到 204 摄氏度。红薯切成小方块，洋葱切碎，在烤盘上混合，撒上橄榄油、盐和现磨胡椒粉。烘烤 40~45 分钟。

2. 三文鱼洗净和小西红柿（或切碎的大西红柿）一起放进烤盘里。鱼肉两面都撒上橄榄油，最后放现磨胡椒粉。在约 204 摄氏度的温度下烘烤 20 分钟。

3. 同时，取几棵菠菜蒸至变软但仍是鲜绿色。（蒸得越久，菠菜的颜色会越深，注意：在这里，羽衣甘蓝是菠菜很好的替代品。）

蔬菜汤

4 人份

这份蔬菜汤是我非常喜欢的一道菜品，尤其是在冬季，配上全麦饼干、新鲜水果和切达奶酪一起食用非常美味。

1 个大的甜洋葱	**3 棵芹菜**
半个小卷心菜	**约 600 克小西红柿**
一杯切成小块的新鲜西红柿	**一杯奶油或小利马豆**
一杯豌豆	**一杯秋葵**
一杯四季豆，切丝	**一个大的烤好的土豆，切成小块**
1/4 杯新鲜西芹，切碎	**4 大勺淡豆奶调料**
一小撮现磨胡椒粉	**一小撮盐**

1. 将 2 升蒸馏水煮至沸腾。

2. 将洋葱、西芹和卷心菜小心混合均匀，依次作为汤羹的一层浓厚的底料放入开水中。

3. 加入小西红柿和碎块西红柿。搅拌均匀，开中火烹煮。

4. 放入其余的配料。慢炖，根据需要加入蒸馏水，不时搅拌，烹煮两到三小时。

西班牙冷菜汤

4~6 人份

西班牙冷菜汤是我非常喜欢的一道夏天的食物。虽然它不能作为主菜，但作为前菜，搭配一份清淡健康的烤鱼和蔬菜来吃是很好的选择。

半个大的甜洋葱	**半杯新鲜西红柿，去皮去籽**
半杯绿色辣椒	**半杯切丁的黄瓜**
半杯芹菜	**几瓣大蒜**
2 杯西红柿汁	**1 勺辣酱油**
3 大勺米酒醋	**3 大勺橄榄油**
新鲜辣椒	**盐**

1. 将所有的蔬菜切成小块。加入捣碎的大蒜。

2. 将西红柿汁、辣酱油、米酒醋和橄榄油放进蔬菜里。加现磨胡椒粉和盐调味。

3. 混合均匀后放进冰箱冷藏 24 小时或用玻璃容器装好放一晚上。享受这一份凉凉的美味吧。

意面配西洋菜心和西红柿

4 人份

西洋菜心是我丈夫介绍给我的，他是半个意大利人，天哪，他们真是爱死这种蔬菜了！我在尝试过以后也深深地喜欢上了它。现在这是我们每周必吃的主要食物之一。深绿色的叶子富含维生素、抗氧化物、膳食纤维以及钙质。去意大利餐馆吃饭的时候记得点上一份！

一盒全麦意面（面条的量根据你的喜好来定）

一棵西洋菜心

2 个自然成熟的有机西红柿

几瓣蒜

一小勺红辣椒粉

一个柠檬

有机混合绿色蔬菜

半个红洋葱，切碎

一大勺橄榄油

盐和现磨胡椒粉

帕尔玛奶酪

1. 意面煮到有劲道的时候停止。沥水，保留 1/4 杯的水量。

2. 西洋菜心洗净切好。捣碎蒜瓣，开中高火力，煎炒至棕黄。

3. 一边搅拌一边慢慢加入菜心。火力调至中等，加入 1/4 杯意面水和辣椒碎。搅拌，然后盖上锅盖等 3 分钟。

4. 放入切好的西红柿、辣椒和一点盐，搅拌，加入半个柠檬的汁。盖上锅盖，调至小火慢炖 15 分钟。

5. 关火，搅拌均匀。放上切碎的帕尔玛奶酪，上桌。（注意：西洋菜心可用菠菜代替。）

6. 切成薄片的红洋葱和沙拉蔬菜混合。撒上现磨胡椒粉和一点盐。加入一小勺橄榄油和另一半柠檬的汁液。搅拌均匀上桌。

烤比目鱼和球芽甘蓝，以及炒羽衣甘蓝

4 人份

没什么比得上新鲜比目鱼！这是一种很轻很薄的鱼，没有强烈的鱼腥味。配上球芽甘蓝和羽衣甘蓝，美味得难以言说！

约 900 克新鲜野生比目鱼，洗净擦干，切成小块

1 个柠檬

约 220 克有机球芽甘蓝

一棵有机羽衣甘蓝

橄榄油

3 个中等大小的有机胡萝卜

1/4 杯核桃

6 瓣蒜

现磨胡椒粉

1. 将橄榄油放进平底锅里加热。把比目鱼放进油锅里，撒上胡椒粉。根据自己的口味加入柠檬汁。开中大火，每面煎 3 到 4 分钟，或煎至焦黄。

2. 烤箱预热至 218 摄氏度。胡萝卜洗净切片，球芽甘蓝分成两半。核桃切碎。把所

有食材放进一个大烤盘里，加入橄榄油烘烤 35 分钟。根据情况不时搅拌。

3. 羽衣甘蓝洗净切好，大蒜切碎。开中大火，将大蒜放进橄榄油里，加入羽衣甘蓝，烹饪至焦黄。翻炒，加入现磨胡椒粉和盐。

小奶油豆

4 人份

1 棵芹菜	**约 470 克利马豆**
1 大勺橄榄油	**盐**
现磨胡椒粉	**1/2 杯甜洋葱，切碎**

1. 在调料锅里加入甜洋葱和芹菜（切丁），放入 1/2 杯蒸馏水。慢煮约 5 分钟。

2. 放入去壳的利马豆和洋葱以及芹菜。加水。小火慢炖 45 分钟，直到豆子变软。

3. 加一大勺橄榄油、一些盐和现磨胡椒粉调味。

绿叶羽衣甘蓝

3~4 人份

橄榄油	**2 小勺白葡萄酒醋或甜腌菜**
1 棵甘蓝菜	

1. 选一棵新鲜的甘蓝菜。剪掉叶子，然后冲洗干净。主茎干可以切掉或者切成小块保留。锅里涂一薄层油，把食材放进去煎炒。

2. 待叶子变软以后，加入少许蒸馏水蒸约 20 分钟，直到变熟。

3. 用 2 勺白葡萄酒或甜腌菜调味。

我想烹饪的时候会做这些……

烤苹果奶酥

3~4 人份

这道菜不仅是一份美味健康的甜品，而且也是一份早餐上品。没吃完的苹果可以留到星期天早上点缀在燕麦上，太棒了！

4 个中等大小的苹果

2 大勺奶油

2 大勺红糖

3/4 杯碎碧根果

1 个柠檬

1 大勺橄榄油

1/4 杯燕麦片或无糖穆兹利干果谷物片

1. 苹果清洗干净切好，上面浇上柠檬汁。

2. 奶油在平底锅里化开，加入橄榄油、红糖和燕麦。从炉上取下，用叉子搅拌均匀。

加入碧根果。

3. 将 2 的混合物涂在苹果表面，然后把它放进烤盘。190 度烘烤 35 分钟。

美丽芭蕾的朋友和家人的菜谱

我喜欢和我的芭蕾美人、家人、朋友们分享健康菜谱，以下是从他们分享给我的菜肴中挑选出的一些我非常喜欢的。

约翰的素食辣椒汤

4~6 人份

我的大哥约翰是一名优秀的厨师。虽然他做的东西没有不好吃的，但我特别喜欢他的蔬菜辣椒汤，尤其是在寒冷的日子里。他会给这道菜配上玉米面包，但我一般配沙拉或全谷物面包。

橄榄油

1 个大洋葱，切粒

1 个红辣椒或黄辣椒，切粒

4~5 瓣大蒜，切碎

1 罐黑豆，沥干水

1 罐墨西哥烩西红柿（墨西哥青辣椒、大蒜、莳萝），**碾碎**

1 罐蔬菜汤

1 包 McCormick 牌混合辣椒粉

莳萝（可选）

1 罐腰豆，沥干水

1 罐西红柿，切碎

2 个墨西哥青辣椒

辣椒粉（可选）

黑胡椒粉

---

1. 开中火加热橄榄油，放入洋葱煎炒 2 分钟。加切碎辣椒再炒 3 到 4 分钟，直到它们变软。加入大蒜炒再炒 30 到 60 秒，直到出味。放入豆子、西红柿、水和混合辣椒。中大火烹饪直到汤汁沸腾。调至中火。

2. 如果汤汁太稀，煮的时候别盖锅盖。如果稠密程度适中，把火调小，盖上锅盖烹煮（不要开太大的火以免烤焦辣椒）。我觉得辣椒粉的味道太寡淡，所以就加了莳萝和辣椒。

3. 这道菜也可以换种做法。比如，不一定要用两种不同的西红柿，可以就用一种。如果辣椒放多了，那就再加一罐。如果你喜欢辣味的，加点切碎的墨西哥青辣椒。不想用 McCormick 混合辣椒粉？可以自己制作，用辣椒、莳萝、牛至、大蒜粉、洋葱粉等等。这样的烹饪方法是一种艺术，而不是科学。按你自己最喜欢的方法来！或许可以加一些墨西哥干辣椒，让你的辣椒汤带点烟熏味。啤酒也能够增添别样的风味，那就加一点进去！

罗米的扁豆汤

4~6 人份

罗米断言美丽芭蕾课程和她的扁豆汤是她产后恢复体形的两个关键因素。现在我也在做这个汤，也非常喜欢！

橄榄油

1 个黄洋葱，切碎

1 小勺盐

3 到 4 个胡萝卜，切碎

2/3 棵西芹，切碎

盐

辣椒、姜黄、芫荽

约 450 克法国扁豆，洗净

月桂叶、羽衣甘蓝

2 包有机素食清汤调料（我偏爱椒盐味的）

1. 开中火，往一口大调味锅里加一点橄榄油，放入切碎的黄洋葱。撒上盐，让洋葱的甜味散发出来。

2. 放入胡萝卜和芹菜，用中火煮熟食材。加入素食清汤调料、盐、辣椒、姜黄和芫荽。

3. 加入扁豆和一些月桂叶，加水漫过食材。让所有的食材都煮熟。在一旁看着且不时搅拌。

4. 在扁豆煮软以后（约半小时），加入羽衣甘蓝。

5. 汤汁快要收完的时候，往锅里放入上好的特级初榨橄榄油，让口感更丰富，更有滋味。你甚至可以根据需要在上菜的时候再加一点橄榄油和盐。享受美味吧！

艾希礼的烤羽衣甘蓝

2 人份

这是我非常喜爱的零食之一，营养丰富且超级好做！

1 个羽衣甘蓝（洗净，完全沥干水分）

1~2 大勺橄榄油　　**盐**

1. 把羽衣甘蓝切成几大块，菜身涂满橄榄油。把它放在烤盘里。

2. 176 度烤 15~20 分钟，或者烤到松脆。从烤箱中取出来，撒上盐。

艾丽萨的烤吐司

2 人份

我朋友艾丽萨做的烤吐司，她和她女儿很喜欢吃，午餐时当蔬菜汤的配菜好极了，既方便准备又令人满足。如果想吃甜的，那就在上面加点蜂蜜。

全谷物面包

盐　　**优质初榨橄榄油**

1. 取几片吐司，把它们放在烤盘上。在上面撒一点高品质特级初榨橄榄油和一点盐。

2. 93 或 120 度烤至松软，一般 10 分钟左右。

3. 切好吐司，好好享受这份美味零食吧！

我爸爸的芥末蘸蛋

4 人份

这是我从我爸爸那里学会的，是一种传统的南方零食。芥末蘸蛋很适合鸡尾酒会或车尾野餐会，既能提供丰富的蛋白质，又不至于增加太多热量。我特别喜欢这份食物，以至于在婚礼的鸡尾酒会上还拿它配玫瑰香槟酒吃。

6 个水煮蛋，去壳

1/4 杯低脂蛋黄酱和橄榄油

2 大勺甜腌菜开胃菜

1 大勺棕色芥末

1 小勺白醋

红辣椒粉

1. 去壳鸡蛋纵向切成两半。将蛋黄取出放进一只碗里。蛋白放到一边。

2. 用叉子把蛋黄捣碎。加入芥末、蛋黄酱、醋和腌菜，然后搅拌均匀。

3. 用叉子或勺子将蛋黄混合馅放进蛋白里。撒上少许红辣椒粉。

戴维的速成油炸奶酪虾配干西红柿

4 人份

我的兄弟戴维不吃肉，但他喜欢海鲜，这道菜就是他非常喜欢的。我喜欢这一简单版的超美味的希腊菜。

一罐约 20 到 340 克的晒干的西红柿

约 170 克盐水菲达奶酪

2~3 撮新鲜香料，如香芹、罗勒、牛至、百里香和莳萝

约 450 克去壳去肠的虾

半个柠檬

1. 将晒干的西红柿和菲达奶酪切成小块。

2. 将新鲜香料切成细末。将所有的食材混合起来放进一个烤盘里。晒干的西红柿的一些油脂会混到盘子里去。

3. 190 度烘烤 20 分钟，或直到虾烤熟变成粉色。在菜肴上挤上柠檬汁。配意面、米饭或面包一起享用。

苏珊娜的姜蒜烤鱼

苏珊娜是5个孩子的母亲，生活十分繁忙。她和我分享了自己的健康餐的代表菜。这道菜可以配上蔬菜沙拉，或炒青菜、蒸青菜和一份烤红薯，这样你就拥有一顿让人精力旺盛的健康餐啦！这道菜跟餐馆做的一样好吃，但更健康也更实惠。

小半勺新鲜生姜根

2 瓣蒜

2 个青洋葱

几片杯芫荽叶

2 大勺橄榄油

4 小勺枫糖浆

1. 把以上食材混合后涂到鱼肉表面，放进一个涂了一层薄油的烤盘里。

2. 撒上食盐。烤盘上裹上铝箔纸。

3. 204 度烘烤约 30 分钟。

凯莉的健康水果菠菜沙拉

4 人份

我妈妈凯莉做的水果菠菜沙拉让人爱不释手，不同季节可换不同的食材。而且这道菜好看好吃又健康。

半杯白葡萄酒醋

1/3 杯辣芥末

1/8 杯枫糖浆

2 把新鲜菠菜

2 个或更多当季水果

碎核桃

约 220 克乌苏里拉奶酪球，切半

1. 制作沙拉汁：将半杯白葡萄酒醋、1/3 杯辣芥末和 1/8 杯枫糖浆（枫糖浆也可以换成蜂蜜）混合在一起，摇晃均匀，根据自己的喜好，以上三种食材可以再多加一点。冷藏待用。

2. 将水果和沙拉汁加到菠菜里。

3. 再加上切达奶酪和核桃。

伊丽莎白的克里奥尔辣虾

6人份

伊丽莎白在北卡罗来纳州的海边长大。我喜欢她做的克里奥尔辣虾的丰富口感，以及它给我带来的满足感。她在一本1975年的《海鲜烹饪》的书里发现了这道菜。

1磅鲜虾

1/4杯洋葱，切碎

1/4杯青辣椒，切碎

1/4杯芹菜，切碎

几瓣蒜，切碎

1/4杯橄榄油或奶油

1小勺辣椒粉

一点黑辣椒

1片月桂叶

1小勺盐

4杯鲜西红柿，切小块

1. 虾去皮洗净。大虾切成两半。

2. 洋葱、青椒、芹菜和蒜放进油锅里煎炸至软塌。

3. 混入调料。加入西红柿煮至浓稠，不时搅拌。

4. 加入虾，盖上锅盖慢炖约20分钟。配黑米饭享用。

烤红薯

6 人份

1. 这是一份传统家庭菜肴，和鱼肉以及我的那道利马豆菜简直是绝配。

2. 在烤箱的底层架上放上一个玻璃的馅饼盘，里面装水。烤箱预热至 400 度。

3. 将 6~8 个红薯洗干净，放到烤盘上，确保红薯之间留有空隙。

4. 204 度烤 45 分钟。

5. 不要打开烤箱，将火力调低至 190 度，继续再烤 30 分钟。

仍然不要打开烤箱，炉温降至 162 度，烤 15 分钟。关掉烤箱，红薯留在烤箱内 10 分钟。

6. 将烤好未去皮的红薯放到一个大的可封口的塑料袋里。需要的时候随时取用。这些红薯也可以去皮碾碎后做炖菜或馅饼。它们能在冰箱里保存一个星期。

所有这些美味健康的菜肴都能帮你塑造美丽芭蕾体形。如果你没法在家做，那么也可以研究一下食材，上餐馆的时候寻找类似的替代品。我已经等不及想听听你们到底有多喜欢它们了！

后记

美丽芭蕾不只是一套健身方法或者一种运动项目，它是一种健康、平衡以及美好的生活方式。它也在不断改进。当你真正去深入挖掘它的意义，与其建立真实的联系，你的身体和心灵都会经历许多无比激动人心的转变。美丽芭蕾的确改变了我的生活，事实上，这是我生命中最好的遇见！美丽芭蕾给了我从未有过的自信、健康和力量。同时，它也让我变成了一个力与美兼具的人。美丽芭蕾的心态赋予我力量，我知道你也可以！

我在这本书里和你分享了我所发现的一切，也很高兴地欢迎你加入我们不断壮大的美丽芭蕾全球社区 www.balletbeautiful.com。我很想知道你自己的经历和不可思议的转变。请你也加入我们，成为我们的会员，可以学习在线课程，关注我的博客和最新的课程（我在不断推出新的课程）。你也可以加我的推特（@balletbeautiful）和脸书。和美丽芭蕾保持联系，不仅能帮助你走向成功，同时也会让你感受到你不是一个人在奋斗！

感谢你和我一起开始这段不可思议的漫长旅途，我们的目标是更健康、更幸福和变得更好！

欢迎来到美丽芭蕾，加油！

Love! xoxo Mary Helen

致谢

美丽芭蕾凝聚了无数人的支持和关爱。感谢我生命中出现的这些人，他们帮我创造了这个课程，也帮我完成和出版了我的处女作。

首先是我的家人：感谢父母，是他们让我在15岁搬到了纽约去追寻我疯狂的芭蕾梦，同时在生命中的每一步都支持我、鼓励我！感谢我的丈夫保罗，他支持我关于美丽芭蕾的工作，教我游自由泳，给我买黑巧克力！

然后是我的同事：谢谢比利・菲茨帕特里克——我出色的合作者，感谢你在每一次指导和帮助我追求完美过程中的无限耐心！感谢马修・埃尔布朗克——我严谨的经纪人，以及蕾妮——世界上最好最用心的编辑，以及她优秀的德卡波出版社的团队，是他们让这本书成为可能！同时感谢伊莲娜・伊查克：对你所拍摄的美丽芭蕾的图片致以最深的谢意。康斯坦扎・西奥多里・布拉斯奇，感谢你为美丽芭蕾基本动作绘制了美丽的插图。当然，更要感谢我的美丽芭蕾团队！朱莉每天都在帮我一点点推进计划，艾希礼将我的想法很好地呈现在了屏幕上。

以及我的朋友：特别感谢娜塔莉为本书作序，以及她一千个小时的努力工作、无限的善意和全方位的出色表现。感谢我最初的芭蕾美人们：萨拉、罗米、瑞恩、凯伦、佐伊、切尔西、凯特、丽芙、利思、科尔斯顿、伊莉莎、伊芙吉尼亚、克里斯蒂娜、瑞切尔、科拉、特雷西、林恩，还有吉娜、罗斯、凯蒂、瓦尔、菲利帕、海伦娜和所有的美丽芭蕾女孩……你们给了我无限的鼓舞！

我要特别地拥抱一开始就踏上这段精彩旅途的人们！卡洛斯、安德里亚、琳达、戴夫、汤姆、约翰、艾丽西亚、希瑟、杰夫、劳拉和帕特里克，感谢你们所有人！

最后的感谢赠予这本书的读者以及成千上万个尝试美丽芭蕾的人。我很荣幸能与你们分享我的健身课程和饮食方法，希望你们多年之后仍能从中得到收获和幸福。

邢亮（中文版审校）

国家一级演员。

中央芭蕾舞团前主要演员。

加拿大温尼伯皇家芭蕾舞团前首席舞蹈演员。

加拿大Royal Star Arts Training芭蕾训练机构艺术总监。

曾获莫斯科国际芭蕾舞比赛银奖、北京国际芭蕾舞邀请赛“华夏奖”。